**29**

Abnormal Psychology

# 학습장애

송종용 지음

_ 공부 못하는 것도 병이다

학지사

# '이상심리학 시리즈'를 내며

21세기를 살아가는 우리는 급격한 변화와 치열한 경쟁으로 이루어진 현대사회에 적응해야 하는 커다란 심리적 부담을 안고 있다. 이러한 현실 속에서 현대인은 여러 가지 심리적 문제와 장애에 직면하게 될 가능성이 높다.

정신건강에 대한 사회적 관심이 증대되면서, 이상심리나 정신장애에 대해서 좀 더 정확하고 체계적인 지식을 접하고자 하는 사람들이 늘어나고 있다. 그러나 막상 전문서적을 접하게 되면, 난해한 용어와 복잡한 체계로 인해 쉽게 이해하기 어려운 것이 현실이다.

이번에 기획한 '이상심리학 시리즈'는 그동안 소수의 전문가에 의해 독점되다시피 한 이상심리학에 대한 지식을 일반 독자들에게 소개하기 위한 것이다. 이를 위해서 다양한 정신장애에 대한 최신의 연구 내용을 가능한 한 쉽게 풀어서 소개하려고 노력하였다.

'이상심리학 시리즈'는 서울대학교 심리학과 임상 · 상담 심리학 교실의 구성원이 주축이 되어 지난 2년간 기울인 노력의 결실이다. 그동안 까다로운 편집 지침에 따라 집필에 전념해준 집필자 모두에게 감사드린다. 아울러 어려운 출판 여건에도 불구하고 출간을 지원해주신 학지사 김진환 사장님과 한 권 한 권마다 좋은 책이 될 수 있도록 성심성의껏 편집을 해주신 편집부 여러분에게 고마움을 표한다.

인간의 마음은 오묘하여 때로는 "아는 게 병"이 될 수 있다. 그러나 이러한 우려보다는 "아는 게 힘"이 되어 보다 성숙하고 자유로운 삶을 이루어나갈 수 있는 독자 여러분의 지혜로움을 믿으면서, '이상심리학 시리즈'를 세상에 내놓는다.

2000년 4월
서울대학교 심리학과 교수
원호택, 권석만

## 2판 머리말


학습장애라는 용어는 우리나라에서는 아직까지 그다지 익숙하지 않은 말이다. 그러나 실제로 초등학교나 중·고등학교에서는 의외로 많은 아이가 학습장애로 어려움을 겪고 있다. 불행하게도 이런 아동이나 청소년들은 부모나 교사들에게서 '게으른 아이' 혹은 '노력하지 않는 학생'으로 이름 붙거나 '늦된 아이'로 치부되어 왔다. 학습장애 아동은 충분한 잠재력이 있고 적절한 개입과 치료를 받으면 훌륭한 성취도 가능하다는 점을 생각할 때, 우리가 조금만 학습장애에 대한 지식을 갖고 관심을 기울인다면 아동과 그 가족이 학교나 사회에서 겪는 고통 혹은 좌절을 줄일 수 있을 것이다.

영어권 국가에서는 학습장애에 대한 본격적인 연구가 시작된 지 반세기가 넘었고 수많은 연구논문과 치료지침서, 부모교육서 등이 나와 있다. 반면에 우리나라에서는 1990년대 중반을 넘어서야 학습장애에 대한 연구가 시작되나. 서사의 경험 역시 아직은 일천하여 이 책이 독자가 만족할 만한 내용을 담고 있는지도 의문이다. 하지만 현재 수준에서 저자가 알고있는 모든 것과 경험한 모든 것을 전달하고자 하였다는 점으로 스스로를 위안한다.

우리나라 아동이 지닌 학습장애에 대한 연구와 치료를 전문적으로 발전시키기 위해서는 이를 위한 전문 연구기관이 필요하다고 생각하며, 이 책에 부족한 내용은 새로운 연구와 치료 경험을 통해서 보완할 수 있을 것으로 기대한다. 새로운 자료를 얻는 대로 그 결과를 독자에게 전달하겠다는 약속으로 이 책의 부족한 부분을 대신하며, 독자에게 부족한 점에 대한 지적과 충고를 부탁드린다.

마지막으로, 이 책을 쓰는 데 많은 도움을 준 임상심리전문가 정연옥 선생님과 김수경 선생님에게 감사드린다.

2016년

송종용

# 차 례

# 학습장애란
# 무엇인가

**1**

# 1. 학습장애란

"우리 애는 계산을 못하는 것도 아닌데 응용문제는 잘 못 푼단 말야…" "우리 애는 글은 잘 읽는데 책을 읽고 나서도 뭘 읽었는지 잘 몰라"

초등학교에 다니는 아이를 둔 부모라면 가끔 이런 말을 하거나 들었을 것이다. 그러면 어떤 부모는 "늦게 깨는 아이들도 있다는데 뭐" 혹은 "아이 아빠또는 엄마도 그랬다고 하니 좀 있으면 나아지겠지" 하며 무심하게 넘겨버리거나 뭔가 문제가 있다는 생각을 가지면서도 어떻게 해야 할지를 몰라 시간만 보내게 된다. 이런 아이들은 학원에 보내거나 개인 지도를 받게 해도 성적이 그다지 오르지 않는다. 그렇다고 아예 포기하면 점점 학교 공부를 따라가는 것을 어려워한다. 그렇다면 과연 이런 아이들에게는 왜 이러한 문제가 생기는 것일까? 그리고 이러한 문제에는 어떻게 대처해야 할까?

우리나라 청소년 중에 일상적인 대화를 하거나 생활을 하는 데는 정상적인 인지 능력을 발휘하지만 한글을 읽거나 쓰는 데는 어려움을 겪는 경우가 많다는 TV 보도가 충격을 준 적이 있다. 어떻게 지능은 정상인데 한글을 읽지 못하고, 읽어도 무슨 말인지 그 뜻을 모르며, 심지어 중·고등학생임에도 맞춤법이나 문법이 엉망인 글을 쓸 수 있을까?

## (1) 학습과 관련된 인지 기능 발달이 지연될 때 학습장애가 생긴다

학업을 따라가는 데 어려움이 있거나 학업성취도가 떨어지면 일단 교사나 부모는 "혹시 머리가 나빠서 그렇지 않을까?"라고 의심한다. 머리가 나쁘다는 말은 지능이 낮다는 것을 의미한다. 지능은 언어 능력, 기억력, 사고력, 공간 능력, 추리능력, 집중력, 계획력 등 다양한 인지 기능을 종합적으로 일컫는 단어다. 그래서 지능이 낮다는 것은 이런 여러 인지 능력의 발달이 전반적으로 늦다는 것을 의미한다. 지능이 낮으면 공부에만 어려움을 보이는 것이 아니라 또래와 어울리는 데에도 문제가 발생하고, 정서 발달도 느리며, 심할 경우에는 운동 발달도 다른 아이들에 비해서 늦게 된다. 그러므로 지능이 낮아서 공부를 못하는 경우는 쉽게 알아볼 수 있다.

그런데 지능을 구성하는 여러 가지 인지 기능 중에 한두

**학습장애 정의**(DSM-5; APA, 2013)

① 학습장애는 신경발달적인 장애에 속하며, 읽기 · 산수 · 쓰기 표현 영역에서 생물학적 나이에 비해 학습 기술을 습득하는 데 지속적으로 어려움이 있을 때 진단된다. 여기에는 (1) 읽기가 부정확하거나 느린 것, (2) 읽기 이해(독해력)가 어려운 것(즉, 읽는 것은 정확히 읽지만 읽은 내용의 순서, 관계성, 의미 추론, 깊은 의미 이해 등이 어려운 것), (3) 맞춤법이 틀리는 것, (4) 쓰기 표현이 부족한 것, (5) 숫자 정보를 잘 기억하지 못하는 것, (6) 산수 계산이 틀리거나 느린 것, (7) 부정확하거나 비효과적인 독서를 하는 것, (8) 읽기, 쓰기, 작문, 수학이 요구되는 활동을 피하는 것이 포함된다.

② 이런 학습 기술 중 하나 또는 그 이상이 지능, 문화 집단, 교육 수준, 성에서 기대되는 평균 수준에 비해 상당히 낮아야 한다. 학습장애로 진단하기 위해서는 일대일 검사를 통해서 학업 기술이나 학업 성취도가 평균과 차이가 있다는 것을 확인해야 한다.

③ 지적장애, 전반적인 발달 지연, 교정되지 않는 시각이나 청각의 문제, 다른 신경학적 장애, 교육 기회의 부족 등으로 설명되지 않아야 한다.

④ 그리고 이런 학습 기술의 어려움이 학업이나 학습 기술을 필요로 하는 직업 생활을 방해할 때 학습장애로 진단한다.

**그 밖의 학습장애의 정의**

### NJCLD(학습장애 전국위원회)의 정의

학습장애는 듣기, 말하기, 읽기, 쓰기, 추론 혹은 산수 계산 등의 능력을 획득하고 사용하는 데 주요한 어려움을 보이는 이질적인 장애 집단을 나타내는 일반적인 용어다. 이 장애는 개인에게 내재된 것으로, 중추신경체계의 역기능에서 기인한다. 자기조절 행동, 사회지각 그리고 사회적 상호작용에서의 문제가 학습장애와 함께 나타날 수 있으나, 그것들이 학습장애를 유발하지는 않는다. 비록 학습장애가 다른 장애 조건(예: 감각손상, 지적장애, 사회적·정서적 불안)이나 환경적 영향(예: 문화실조, 불충분하거나 부적절한 교습, 심리위생적 요인)과 동시에 나타나기도 하지만, 이러한 조건이나 영향의 결과는 아니다.

### ICLD(학습장애 관계 부처 위원회)의 정의

학습장애란 듣고, 말하고, 쓰고, 추론하며, 수학적 기술이나 사회적 기술을 수행하는 데 어려움을 가지는 것으로, 다른 장애와 함께 부수적으로 일어날 수 있다. 학습장애는 개인에게 내재되어 있으며 중추신경체계의 역기능으로 야기되는 것으로 추정된다.

가지 기능만 발달이 늦으면 어떻게 될까? 그럴 경우 대부분의 능력은 정상적으로 발달하였기 때문에 지능검사에서 다른 아이들과 비슷하거나 때로는 더 높은 점수를 얻을 수 있다. 하지만 발달이 느린 기능이 만일 학습에 필요한 기능, 예를 들어서 글자를 인식하는 기능이라든지 읽은 글을 기억하면서 장기기억에 저장된 정보를 검색하고 연관성을 찾으면서 글의 의미를 이해하는 기능이라든지, 숫자 계산에 관련된 기능이라면 학습에 어려움을 줄 수 있다. 이럴 경우 일상생활이나 또래 관계 혹은 운동 능력을 보면 다른 아이들과 다르지 않거나 더 우수할 수도 있다. 이것이 바로 학습장애 learning disabilities다.

학습장애란 뇌에 손상이나 심각한 장애가 없고 감각기관에도 문제가 없으며 정상적인 교육을 받았음에도 머릿속에 들어온 정보를 처리하는 데 어려움이 있고 그로 인해서 배우는 것이 어려운 경우를 말한다. 즉, 학습장애는 아동의 다양한 인지능력 중 한정된 영역에서만 발달이 느리거나 결손이 있는 경우를 말한다. 예를 들어, 기억력이나 공간 능력 등은 정상적으로 발달하면서도 글을 읽는 능력의 발달만 뒤처진다든지 다른 것은 다 잘하는데 숫자를 사용하는 능력만 떨어지는 경우다.

## (2) 학습장애가 있다고 해서 다른 면에서도 재능이 없는 것은 아니다

학습장애 아동은 단지 특정한 영역에서만 능력이 뒤떨어지기 때문에 그것에 발견된다면 집중적인 훈련이나 교정을 통해

서 상당한 수준으로 개선시킬 수 있으므로 지능이 낮은 아이
들보다 훨씬 희망적이다. 때로는 학습과 관련된 기능의 발달
이 느린 대신 다른 기능이 보상적으로 더 발달하였을 수도 있
다. 잘 알려진 위인 중에서도 학습장애를 가졌던 사람이 많다.
예를 들면, 초등학교 때 낙제를 한 발명왕 Thomas Edison은
학습장애였고, 그중에서도 읽기 장애였다. 상대성 원리를 발
견하여 현대 물리학의 아버지가 된 Albert Einstein도 실은 학
습장애였다. 그는 읽기 능력은 매우 부족했지만 이미지로 사고
하는 능력이 상대적으로 탁월하여 그 이미지를 가지고 일반상
대성 이론을 만들어 냈다. 세계적인 대부호 John Rockefeller
도 언어기억력이 떨어지는 학습장애였다. 우리나라에서 큰 인
기를 얻고 있는 할리우드의 영화배우 Tom Cruise도 학습장
애를 지녔다. 그는 대본을 읽고 기억하는 것을 어려워해서 대
사가 적은 액션 위주의 역할을 맡아서 연기한다. 대신 그의 연
기는 박진감이 넘친다. 이 외에도 화가인 Pablo Picasso, 미
국 대통령이었던 John F. Kennedy, 영국의 수상이었던
Winston Churchill, 애니메이션의 대가 Walt Disney, 진화
론을 주장한 Charles Darwin, 조각가 Auguste Rodin도 학
습장애였다고 한다. 이들은 자신의 장애를 극복하고 자신이
가진 재능을 살려 훌륭한 성공을 거두었다.

### (3) 학습장애 아동은 머리가 나쁜 것이 아니다

이처럼 학습장애 아동은 결코 '머리가 나쁜' 아이는 아니다. 아이가 가진 장점을 살리고 아이에게 맞춰서 학습 속도를 조절한다면 장기적으로는 좋은 성과를 거둘 수 있다. 그러나 문제는 거의 대부분의 아이가 정해진 나이에 학교에 입학해서 정해진 교과과정을 따라야 하는 의무교육을 받고 있다는 것이다. 의무교육제도에서는 아이들 개개인에게 맞춰서 교육을 할 수 없다. 그래서 보통 아이들과 다른 학습장애 아동은 정규교육에서 불리한 위치에 놓이게 되고, 학업성취도에서의 격차가 시간이 지날수록 벌어지게 된다. 공부는 날이 갈수록 힘들어지고, 따라서 소위 말하는 일류 대학에 진학하는 것이 어렵게 된다. 특히 학력을 중시하는 우리나라 문화에서 학습장애는 결국 사회생활을 영위하는 데까지 영향을 준다.

학습장애 아동은 이런 실패를 예민하게 받아들일 만한 지적 능력이 있기 때문에 지능이 낮은 아이들보다 심리적으로 더 크게 상처를 받는다. 갈수록 자존감이 낮아지고 대인관계에서 위축되기도 한다. 즉, 학습장애는 학습 문제에서 시작해 정서와 자존감에까지 부정적인 영향을 주는 파괴력을 가진 장애이기도 하다.

또한 부모나 교사도 아이가 어떤 면에서는 똑똑해 보이기 때문에 아이의 학업 성적이 저조한 것을 의아해하고, 대개는 아이가 '게으르기' 때문에 성적이 저조한 것이라고 오해하고는 야단치는 경우가 많다. 그러나 이러한 대처는 아이의 마음에 상처만 주고, 어른에 대한 불만만 쌓게 만들어 오히려 비행 문제를 유발할 수도 있다.

### (4) 조기발견과 조기치료가 매우 중요하다

이처럼 학습장애는 성인기의 장애보다 삶 전체에 미치는 영향력이 크기 때문에, 그리고 뇌의 발달에 따른 장애이기 때문에 아직 뇌의 변화 여지가 많은 어린 시절에 발견해서 교정하도록 도와주는 것이 매우 중요하다. 우리 뇌는 사용하는 만큼 발달하며, 어릴수록 그 변화 정도가 크다. 비록 한두 가지 기능의 발달이 지연되었다 하더라도 어릴 때 학습장애를 발견해서 집중적으로 훈련한다면 약점을 보완하는 것이 가능하다.

뇌의 발달과 관련된 장애의 경우 결정적인 시기는 만 10세 이전이다. 즉, 초등학교 4~5학년 이후에는 학습장애가 발견된다고 하더라도 훈련을 통해서 뇌 기능을 발달시키는 것에 한계가 있기 때문에 치료에 어려움이 크다. 특히 만 7세 이전에 학습장애를 발견하고 치료할 때 좋은 효과를 거둘 수 있다.

### (5) 보호자, 교사, 치료사가 협력해야 한다

이 모든 것은 보호자와 교사 그리고 치료사가 삼위일체가 되어서 협력할 때 가능하다. 보호자는 자녀의 취약점을 숨기거나 무시하려고 하지 말고, 빨리 전문가에게 진단을 받고 치료를 받도록 도와주어야 하며, 교사와 협력해서 아이가 건강하게 학교 생활 및 또래 관계를 유지할 수 있도록 조치해야 한다.

일부 보호자는 "나중에 크면 좋아지겠지"라는 태도로 문제를 방관하여 치료 시기를 놓치는 경우가 있다. 일시적으로 나타나는 문제 행동은 몇 주 지나면 정상으로 돌아오는 경우가 많다. 하지만 뇌의 발달과 관련이 있는 인지적인 발달 문제, 즉 학습 능력, 주의집중력, 기억력 등은 시간이 지날수록 더 격차가 벌어질 뿐이며, 개입을 시작하는 나이가 어릴수록 치료 효과가 크고 비용과 노력이 덜 든다는 점을 알아야 한다. 이런 문제는 발견 즉시 전문가의 평가를 받고 도움을 받는 것이 현명하다.

학습장애의 치료에서는 인지적 기능 장애를 개선하기 위한 인지 훈련과 부모 교육을 함께 진행해야 한다. 교사는 아이의 특성을 고려하여 효과적인 학습 방법과 도구를 활용해야 하며, 무엇보다도 학업 성적을 가지고 아이를 평가하거나 무시하지 않도록 해야 한다. 학교와 학급에서 보인 아이의 행동을 부모나 치료사에게 전달함으로써 치료에 도움을 주는 것도 교사의 중요한 역할이다. ◆

# 2. 학습장애의 유형

학습장애를 가진 아동의 부모는 자신의 아이가 무엇을 경험하고 있는지 이해하기 어려울 것이다. 부모나 교사가 학습장애 아동을 지도하고 치료하는 데 있어서 무엇을 도와주어야 할지 알려면 먼저 학습장애 아동이 겪는 어려움을 이해해야 한다. 학습장애 아동이 겪는 고통을 이해하기 위해 다음에 지시한 것과 같이 해보라.

어려운 영어책을 펴고 2페이지 정도를 발음이 틀리지 않게 정확히 읽는 데에 집중하여 한 단어 한 단어를 신경 써서 읽어보라. 정확히 다 읽었으면 어떤 내용이 있었는지 정리해서 말해보라. 어떠한가? 아마 글을 정확히 읽었어도 무슨 내용인지 충분히 파악되지 않았을 것이다. 글을 읽는 데에만 온 신경을 집중했기 때문에 뜻을 해석할 여유가 없었던 것이다. 이런 경우가 독해읽기 이해 장애 아동이 겪는 경험과 유사하다. 또 일본

어를 처음 배울 때는 히라가나나 가타카나는 간신히 읽어도, 한자만 나오면 어떻게 읽어야 하는지 막막하게 된다. 그럴 때 느끼는 막막함이 바로 읽기 장애<sub>단어재인 장애</sub>를 갖고 있는 아동이 겪는 어려움과 유사하다. 이런 우리의 경험과 학습장애 아동의 경험에서 다른 점은, 단지 학습장애는 우리가 쉽게 사용하고 당연히 알 것이라고 생각하는 우리말에서 어려움을 느끼는 것이라는 것일 뿐이다.

학습장애 아동이 겪는 정서적인 어려움은 다분히 주관적이기 때문에 이해하기가 더 어려울 수 있다. 저자가 처음 미국에 갔을 때 주차위반을 해서 잠깐 경찰관과 대화를 한 적이 있었다. 익숙하지 않은 영어로 더듬더듬 이야기를 하는데, 상대가 "영어도 못하냐?"고 말하면서 무시하는 듯한 표정을 지으며 바라볼 때 순간 마음이 상당히 착잡하고 속상했다. 나 자신도 뜻대로 표현이 잘 되지 않아서 답답한데, 거기에 상대방이 그런 말까지 하니 얼마나 자존심이 상하고 슬펐는지…. 그러면서 들었던 생각이 "아! 학습장애 아동이 겪는 심정이 이런 것이겠구나!"라는 것이었다. 학습장애 아동도 자기 뜻대로 학습이 안 되는 것 때문에 답답하고 속상할 것이다. 게다가 친구나 어른들이 무시하는 듯한 표정을 짓거나 말을 하면 마음의 상처는 더 커질 것이다.

학습장애를 좀 더 이해하기 위해서 하위 유형별 특징을 살펴보도록 하겠다.

## 1) 읽기 장애

읽기 장애는 글을 읽는 데에 어려움이 있는 장애다. 즉, 발음에 문제는 없는데 글을 정확히 읽지 못한다거나 읽은 글을 이해하는 데 있어서 자신의 연령에 비해즉, 또래에 비해 성취도가 현저히 떨어지는 경우다. 읽기 장애는 다시 글자를 정확히 발음하는 데 어려움이 있는 단어재인 장애와 글을 읽어도 그 의미를 정확하게 파악하지 못하는 독해 장애로 나눌 수 있다. 물론 글자를 발음하는 데 문제가 있는 아이들은 글의 내용을 파악하는 데에도 어려움이 있을 가능성이 크지만, 단어는 제대로 읽으면서 내용 파악에만 어려움을 겪는 경우도 있다.

### (1) 단어재인 장애

초등학교 2학년인 민영이는 책을 읽으라고 하면 자신 있게 읽지 못하고 고개를 갸우뚱거리면서 한 글자 한 글자 더듬거리며 읽는다. 또한 민영이는 모르는 글자가 나오면 아예 읽지 않고 넘어가거나 비슷하게 생긴 다른 단어로 말하기도 한다. 읽는 속도 역시 다른 아이들에 비해서 느리다.

그러나 민영이는 친구들과 어울려 놀거나 선생님이 말로 하는 지시를 알아듣는 데는 문제가 없다.

민영이의 경우가 단어재인 장애에 해당한다. 단어재인 장애는 전체 지능이나 말하는 데는 비교적 정상적인 범위의 발달 수준을 보이지만 글을 읽는 경우에는 읽는 수준이 자신의 연령에서 요구되는 수준 또는 또래에 비해 현저히 떨어진다.

한글은 읽기가 쉬운 글자이기 때문에 초등학생의 경우 가장 흔히 나타나는 읽기 장애 증상은 읽기 속도가 느린 것이다. 글자를 빠르게 읽으려면 읽는 기술이 자동화되어야 하는데, 읽기 장애가 있는 아이들은 읽기 자동화를 성취하는 시기가 느리다. 글자 하나 하나를 신경 써서 읽어야 하므로 읽기 속도가 다른 아이들에 비해서 느린 것이다.

유아나 초등학교 저학년의 경우에 단어재인 장애가 있을 때는 글자를 구분하지 못하거나 정확히 발음하지 못하기도 한다. 예를 들면, 'ㅂ'과 'ㅍ'을 혼동한다든지 다른 글자는 잘 읽으면서도 'ㅎ' 소리만 읽지 못하는 경우가 있다. 이런 아이들은 '학생'을 '악생' 혹은 '음생' 등으로 읽는다. 특히 받침을 정확히 발음하는 데 어려움을 겪는 아이들이 많다. 이들은 가령, '법'을 '범'으로, '갑'을 '감'으로 읽는다.

단어재인 장애가 있는 아이들 중에는 사물의 이름조차 정

**단어재인 장애의 특징**

- 글을 읽을 때 단어의 한 부분을 생략하고 읽는다.
- 쓰여 있지 않은 말을 쓰여 있는 것처럼 읽는다.
- 읽어야 할 단어를 다른 단어로 바꾸어 읽는다.
- 못 읽는 글자가 나오면 그 앞의 단어를 다시 반복하여 읽는다.
- "ㅏ"를 "ㅓ"로 읽는 것과 같이 비슷한 형태의 다른 철자로 읽는다.
- 글자를 발음하는 속도가 느리다.

확히 명명하지 못하는 경우도 많다. 이런 아이들은 "엄마, 우산 주세요"라는 말을 "엄마, 그거 주세요"라고 대명사를 사용하여 표현하는 경우가 많으며, '우산'이라는 말을 자신만의 다른 말로 바꾸기도 한다.

또한 단어재인 장애가 있는 아동은 읽을 때 단어를 바꾸어 읽거나 생략해서 읽는 것이 특징이다. 책을 읽어 보라고 하면 몇 개의 글자나 단어를 읽지 않고 넘어가기도 하고, '사과'를 '사자'라고 읽기도 하며, '자리'를 '다리'라고 읽기도 한다.

이러한 장애의 증상과 특징은 유치원에서부터 나타날 수도 있지만, 정규 읽기 교육은 대부분 초등학교에 들어가서야 시작되므로 이때까지는 단어재인 장애가 거의 발견되지 않는다.

예민한 부모는 아이가 초등학교에 들어가면 읽기에 문제가 있다는 것을 어느 정도 알아차리게 된다. 그러나 아이와 책을 같이 읽는 활동을 하지 않는 부모는 그런 증상을 알아차리기 어렵기 때문에 읽기의 어려움을 방치하기도 한다.

### (2) 독해 장애

우리는 보통 읽을 줄만 알면 그 의미도 다 알 수 있을 것이라고 생각한다. 하지만 글을 소리 내어 읽는 것과 그 뜻을 이해하는 것은 별개의 과정이며, 읽는 능력은 정상인데 이해력만 떨어질 경우 독해 장애라고 부른다. 즉, 독해 장애란 글자를 읽을 수는 있는데 자신이 방금 읽은 글의 순서를 혼동한다든지 문장이나 문단의 내용이 무엇인지 정확히 이해하지 못하는 것을 말한다. 예를 들어 보자.

어떤 아이가 『선녀와 나무꾼』이라는 책을 끝까지 큰 소리로 다 읽었다. 그러나 아이에게 "자, 이 이야기의 줄거리가 뭔지 말해줄래?"라고 물으면 아이는 줄거리를 이야기 순서대로 말할 수 없을 뿐만 아니라 그 이야기의 중요한 사건도 집어내지 못한다. 바로 이런 아이들이 독해 장애다. 다음은 이러한 독해 장애 아동의 사례다.

초등학교 4학년인 영수는 수입시간에 책을 읽으라고 하

면 한 글자도 틀리지 않고 잘 읽는다. 그런데 책을 읽고 나서 줄거리를 이야기해보라고 하면 엉뚱한 이야기를 하면서 횡설수설한다. 담임선생님은 "영수가 글을 그렇게 잘 읽는데 어떻게 해서 그 의미는 알지 못하는지 도저히 이해가 안 간다"고 의아해 하셨다.

왜 책은 곧잘 읽으면서도 내용은 파악할 수 없을까?

이 질문을 다룬 연구는 많지만 가장 유력한 가설은 독해 장애 아동은 읽을 수는 있으나 자신이 가지고 있는 지적인 능력을 읽는 데 다 써버리기 때문에 읽은 내용을 파악하는 데는 할애할 여력이 없다는 것이다. 즉, 책을 읽는다는 것은 글자를 읽으면서 동시에 그 내용과 의미를 파악하는 2가지 과제를 해야 하는 것인데, 독해 장애 아동은 글자를 소리로 바꾸는 데 모든 노력을 기울이기 때문에 글자는 정확히 읽었지만 그 내용을 처리하지 못해서 그 의미를 파악하지 못한다는 것이다.

독해 장애의 경우 글자는 읽을 수 있기 때문에 부모나 교사가 아이에게 문제가 있다는 것을 쉽게 눈치채지 못한다. 특히 지능이 높은 아동의 경우, 저학년일 때는 읽기 수준이 다른 아동과 비슷하게 나타나므로 탐지가 안 되다가 교육과정이 어려워지기 시작하는 4학년이나 그 후에야 비로소 독해 장애가 드러나게 된다. 독해 장애는 잘 발견되지 않지만 사실은 학습장애 아동의 80% 정도에서 발견되며, 전체 아동 중에서도 약 5% 정도가 독해 장애일 정도로 높은 비율을 차지하는 장애다. 특히 한글은 읽기가 매우 쉬운 문자이기 때문에 단어재인 장애는 드물지만 독해 장애는 상대적으로 더 많이 발견된다.

독해 장애는 소리 내어 읽을 때나 속으로 읽을 때나 모두 내용을 이해하는 속도가 느리고 잘못 이해하는 것이 특징이다. 또한 산수 장애와 쓰기 장애는 흔히 독해 장애에 동반하여 나타나고, 독해 장애 없이 이 장애들이 발견되는 경우는 비교적 드물다.

 **독해 장애의 특징**

- 국어 과목의 학업성취도가 현저히 떨어진다.
- 책을 읽고도 무슨 내용을 읽었는지 잘 모른다.
- 글의 핵심을 잘 파악하지 못한다.
- 때때로 부적절한 어휘를 사용한다.
- 대명사가 지시하는 것이 무엇인지 잘 알지 못한다.
- 글을 읽는 속도가 느리다.
- 기억력이 부족하다.
- 수학 능력이 떨어진다.
- 글씨를 쓸 때 많이 틀린다.
- 학년이 올라가면서 국어나 수학 과목 외에도 다른 과목의 학업성취도가 점차 떨어진다.

왜 독해 장애는 산수 장애와 연관되어 있는 것일까? 산수 문제를 풀려면 계산 능력과 문제를 이해하는 능력이 필요하다. 사칙연산을 아무리 잘해도 문제 자체를 이해하지 못하거나 잘못 이해하면 틀린 계산식을 세우게 되고 답도 당연히 틀리게 된다. 고학년이 되면 응용문제가 늘어나는데, 이런 문제는 글의 내용을 정확히 이해해야만 풀 수 있다. 다음의 문제를 보자.

1. 영희는 엄마 심부름으로 가게에 과일을 사러 갑니다. 영희에게는 돈 5,000원이 있습니다. 가게에서 500원짜리 참외 세 개와 1,200원짜리 바나나 두 개를 샀습니다. 그렇다면 영희는 가게 주인에게 얼마를 거슬러 받아야 합니까?

2. 어떤 수로 45와 52를 나누면 각각 나머지가 3이 된다고 한다. 그 수는 무엇인가?

이 문제들은 초등학교 산수 문제다. 첫 번째 문제를 풀기 위해서는 기술된 내용을 이해해야 하고, 덧셈을 해야 할지 뺄셈을 해야 할지를 알아야 한다. 그리고 두 번째 문제는 공약수라는 개념을 이해해야 해결할 수 있다. 만일 문제의 뜻을 정확히 이해하지 못하거나 가감산 및 공약수의 개념을 이해하지 못한다면 틀린 답을 하게 된다. 이처럼 산수를 잘하기 위해서는 글과 개념을 이해하는 것이 중요하며, 따라서 독해 장애가 있으면 산수 장애를 동반하는 경우가 흔한 것이다.

## 2) 쓰기 장애

초등학교 6학년인 준호는 학교에서 제일 하기 싫은 것이 필기다. 작문 시간도 싫어한다. 준호는 쓰는 게 어렵다. 또 쓰는 데 시간이 많이 걸려서 미처 다 쓰지 못했는데 선생님이 칠판을 지우는 일이 많다. 준호는 쓰는 데도 시간이 많이 걸릴 뿐만 아니라 자신이 쓴 글씨를 알아보기도 힘들다. 글씨를 쓸 때 공책에 그어져 있는 칸에 맞춰 단정하게 쓰지 못하고 한 칸을 넘치게 쓰기 일쑤다. 또한 준호는 받아쓰기를 아주 못한다. 심지어는 알림장에 그날의 숙제를 다 적어 오지 못할 때가 많고, 집에서 숙제를 할 때에도 시간이 너무 많이 걸려서 숙제를 다 못해 간다. 그래서 준호는 선생님께 매일 혼난다.

준호는 전형적인 쓰기 장애를 가진 사례다.

쓰기라는 것은 자신의 생각을 다른 사람들에게 보이기 위해 표현하는 하나의 방법이다. 그런데 쓰기 장애를 가진 아이들은 맞춤법이 많이 틀리거나 생각을 글로 제대로 표현하지 못한다. 이런 아이들의 글을 보면 문장의 문법이 맞지 않거나 구두점을 잘못 사용하고, 문단의 구성이 빈약하거나 철자법의 실수가 많으며, 글씨를 알아보기 힘들게 쓴다. 학년이 올라가면서 맞춤법은 개선이 되지만 글의 내용은 여전히 두서가 없고 정리가 안 되어있으며 마무리를 하지 못하는 모습을 보인다. 대부분의 쓰기 장애 아동은 이런 특징을 하나만 가진 것이 아니라 여러 가지 특징을 동시에 보인다.

쓰기 장애는 어디에 문제가 있는 것일까? 여러 가지 원인이 있겠지만 연필을 쥐는 손의 힘이 약해서 쓰기 장애가 생기기도 하고, 자신이 눈으로 보는 것을 손으로 똑같이 그릴 수 없기 때문에 쓰기 장애를 겪을 수도 있다. 한편, 받아쓰기를 못하는 것은 청각적으로 들어온 정보를 쓰기를 할 때까지 유지

 **쓰기 장애의 특징**

- 글씨를 쓸 때 철자법이 많이 틀린다.
- 글을 쓰는 속도가 매우 느리다.
- 글씨를 알아볼 수 없을 정도로 엉망으로 쓴다.
- 글을 쓸 때 나이에 비해 단순한 문장만을 사용한다.
- 글을 쓸 때 사용하는 어휘가 제한되어있다.
- 받아쓰기를 못한다.

하기 어려워서이기도 하고, 철자와 소리 간의 대응 규칙을
잘 몰라서이기도 하다. 후자의 경우는 대개 읽기 장애도 보
이기 마련이다.

문장 표현에 문제가 있는 경우로는 어휘력이나 지식이 부
족한 경우가 많고, 생각을 조리 있게 정리하는 계획력이나 통
합 능력 혹은 작업기억에 어려움이 있는 경우도 있다.

### 3) 산수 장애

성민이는 학교를 들어가기 전까지는 말도 잘하고 똑똑한
아이였다. 그런데 초등학교에 들어가면서부터 산수 과목을
싫어하게 되었고, 그런 이유에선지 산수 성적이 많이 안 좋
았다. 그래서 성민이 아버지는 성민이에게 산수를 가르쳐
주었다. 아버지는 성민이를 가르치면서 성민이가 '곱하기'
와 '나누기'의 개념을 이해하지 못한다는 것을 알았다.

이 사례에 나오는 성민이와 비슷한 어려움을 가지고 있는
아이들을 산수 장애라고 한다.

산수 장애는 다양한 영역에서의 장애 때문에 발생할 수 있
는데, 언어 기능, 지각 기능, 주의집중 기능 또는 산수 기능에
장애가 있을 때 산수 장애가 생길 수 있다.

언어 기능에 장애를 보이는 것은 산수 용어를 모르거나 공식 및 개념을 이해하지 못하거나, 글로 쓰인 문제를 수식으로 바꾸는 데 문제가 있는 경우로 대부분의 산수 장애 아동이 이런 문제를 갖고 있다. 이런 아동은 수식을 주면 계산을 해내지만 글로 쓰인 문제를 주면 스스로 공식을 적용하거나 수식으로 바꾸는 것을 어려워하기 때문에 산수 능력이 현저히 떨어지게 된다.

글이나 기호를 정확히 지각하는 데 문제가 있으면 숫자 또는 산술 부호를 잘못 보거나 빠뜨리게 되고, 특히 도형이나 집합 문제를 해결하는 데에 어려움이 있어 산수 장애가 생긴다. 지각에 문제가 있을 경우에는 산수뿐만 아니라 글자를 읽는 데도 어려움을 보이며, 수식 계산에도 어려움을 보인다. 이런 문제를 예방하기 위해서는 유치원이나 초등학교 입학 전에 안과를 찾아가 정밀한 시력 검진을 하고, 시력

🔑 **산수 장애의 특징**

- 수학 과목의 학업성취도가 현저히 떨어진다.
- 블록 맞추기나 조립 같은 공간운동 과제의 수행 능력이 많이 부족하다.
- 기억력이 떨어진다.

이 떨어진다든지 안과적인 문제가 있을 때에는 바로 교정해 주어야 한다. 특히 요즘에는 아이들이 어릴 때부터 TV나 스마트폰을 많이 보기 때문인지 시력이 나쁜 경우가 많은데도 부모가 이를 대수롭지 않게 여기곤 한다. 하지만 초등학교 저학년 때 시력을 교정해주지 않고 방치하면 주의가 산만해지고 교과를 따라가지 못하는 경우가 생길 수 있다.

주의집중 기능에 문제가 있는 아동은 부주의하기 때문에 숫자나 도형을 잘못 파악한다든지 문제의 요점을 빠뜨린다든지, 덧셈에서 더해 가는 숫자를 잘못 기억한다든지, 수식의 기호를 잘못 보는 등의 오류를 자주 범하여 수학에서 학업성취도가 떨어진다.

순서에 따라 계산하기, 사물의 수 세기, 구구단 외우기와 같은 산수 기능에 장애를 보이는 것은 수식 계산 능력이 떨어지는 경우라고 볼 수 있다.

이런 여러 가지 이유에 따라 산수 능력이 떨어질 수 있으므로, 어떤 문제 때문에 산수 장애 아동의 산수 능력이 저하되는지를 정확히 평가해서 원인에 맞는 훈련을 하는 것이 중요하다. ◆

# 3. 학습장애의 특징

우리는 앞서 다양한 학습장애 하위 유형을 살펴보았다. 그러나 학습장애 유형 중 어느 한 가지 유형이 단독으로 나타나는 경우는 드물다. 대개 독해 장애가 있고, 산수 장애나 쓰기 장애를 동반한다. 여기서는 여러 유형의 학습장애에서 공통적으로 나타나는 특징 및 다른 심리적 장애와 구별될 수 있는 특징에는 무엇이 있는지 살펴보도록 하겠다.

## 1) 학습장애의 공통적인 특징

학습장애는 유형에 따라 각각 독특한 특성이 몇 가지씩 있기는 하지만, Lerner(1997)는 학습장애의 일반적인 공통점으로 다음과 같은 것을 제시하였다.

## (1) 인지 발달 패턴이 고르지 않다

인간의 정신 능력이나 지능은 기본적인 여러 가지 구성 요소를 포함하고 있는 커다란 총체를 지칭하는 개념이다. 학습장애의 특징은 정신 능력을 구성하는 다양한 요소가 고르게 발달하지 못하거나 불규칙한 발달을 보이는 것이다. '고르지 못한 인지 발달 패턴'이라는 표현이 의미하는 것은 다양한 정신 능력에서 어떤 능력은 정상 아동처럼 정상적인 발달 속도와 비율로 성장하지만, 그 외의 다른 능력이 정상적인 발달에서 지체되어있다는 것이다. 이러한 지적 성장의 불균형의 문제가 특정한 교과목의 성적이 떨어지는 것으로 나타난다.

고르지 못한 인지 발달 패턴을 찾아내는 것은 학습장애를 평가하는 데에도 중요하지만 학습장애를 치료하는 데에도 기본이 된다. 학습장애 아동에게 검사를 실시하고 평가하여 아동의 취약한 인지 영역을 정확히 알아내면 그 취약하고 덜 발달된 능력을 향상시킬 수 있기 때문이다.

## (2) 학습에서의 어려움이 있다

앞서 학습장애를 가진 아동이 단지 하나의 장애만을 갖는 것은 아니라고 언급했다. 학습장애는 학습이나 다른 영역에서의 어려움을 수반한다. 학습에서는 특히 말하기, 읽기, 산수, 필기, 운동기술, 쓰기 표현, 사고 혹은 심리사회적 기술의

습득에서 어려움을 나타낼 수 있다. 아동이 이러한 어려움 중
단지 한 가지라도 가지고 있다면 학교생활에서뿐만 아니라 일
상생활에서도 어려움을 겪게 될 것이다.

## ⑶ 중추신경계의 기능 발달이 지연되어 발생할
## 가능성이 높다

무언가를 배우는 것과 관련된 활동은 우리의 뇌가 관장한
다. 그렇다면 배우는 데 어려움을 갖고 있는 경우, 그 이유는
뇌와 관련되지 않을까? 학습장애는 중추신경계의 기능이 부
분적으로 잘못되거나 발달이 지연되어서 생길 수 있다.

그렇지만 CT나 MRI 같은 뇌의 구조를 보는 신경학적 검사
혹은 EEG 같은 뇌의 기능을 보는 검사를 통해서는 대부분의
학습장애 아동에게서 쉽게 이상을 발견할 수 없다. 이 말은 학
습장애 아동의 중추신경계가 구조적으로 손상되었거나 기형
인 것은 아니라는 것이다. 이는 단지 정상적인 기능에서 어느
정도 벗어나서 작동하고 있는 것일 뿐이며, 뇌 전체의 기능에
이상이 있는 것은 아니고 특정 기능에서만 발달이 지연되거나
이상이 있다는 것을 시사한다.

뇌의 기능에 이상이 있다는 것이 반드시 뇌의 생화학적인
문제 혹은 유전 때문이라는 것을 의미하지는 않는다. 아동의
뇌는 출생 후에도 계속해서 발달하며, 초기 학습 경험이 뇌 발

달에 중대한 영향을 미친다. 따라서 뇌의 기능 이상은 초기 학습 경험의 부족이나 잘못된 경험에 의해서 생길 수도 있다. 즉, 학습 경험과 신경적 발달이 서로 영향을 미친다고 볼 수 있다.

학습 경험의 부족이나 왜곡된 학습 경험 그리고 뇌의 신경적 기능의 이상이 학습장애와 밀접하게 연관되어 있다는 사실은 학습장애의 치료에 중요한 시사점을 던져준다. 뇌의 발달은 이미 학령기가 되면 상당 부분 완성되며, 연령이 올라갈수록 변화시키기 힘들다. 따라서 학습장애는 가능한 한 어린 시기에 발견해야 하고 이에 대한 적절한 치료가 이루어져야 한다.

## 2) 학습장애의 그 밖의 특징

지금까지 학습장애의 공통적인 특징을 살펴보았는데, 학습장애를 가진 아동은 공통적인 특징 외에도 아동마다 독특하게 보이는 특징들이 있다. 일부 학습장애 아동이 보이는 특징으로는 다음과 같은 것을 들 수 있다.

### (1) 주의집중에 어려움이 있다

많은 학습장애 아동이 수업시간에 집중을 잘 못한다. 심중을 한다 하더라도 주의를 유지하는 시간이 짧고, 주변의 작은 소음이나 움직임에 쉽게 산만해진다. 게다가 상황에 어울리지 않는 부적절한 행동을 하기도 한다.

학습장애 아동이 주의집중의 문제를 보이는 이유는 학습장애나 주의력결핍 장애의 발생 원인 중 하나가 전두엽의 주요 기능인 중앙 관리central executive 기능이 정상적으로 작동하지 않는 것이기 때문이다. 즉, 중앙 관리 기능은 자극에 주의를 집중하고 중요한 정보를 선택·계획·집행하는 과정을 담당하는데, 이 기능에 발달 지연이 있을 때 주의력결핍 장애나 학습장애가 발생할 수 있다.

학습장애 아동이 주의집중에 어려움을 보이게 되는 또 다른 중요한 이유로 학교 수업을 따라가지 못하는 것을 들 수 있다. 즉, 수업 내용을 이해하기 위해 필요한 기본적인 지식이 다른 아이들에 비해서 부족하기 때문에 보통 아이들에게 맞춰진 진도를 따라갈 수 없다. 그래서 수업에 흥미가 생기지 않고 그 대신 흥미를 끄는 다른 주변 자극으로 주의가 분산되는 것이다.

만약 학습장애 아동이 주의집중 문제와 관련된 특징을 보인다면 주의력결핍 장애도 있는지 살펴보아야 한다. 주의력결핍 장애에 대한 내용은 뒤에서 다시 설명할 것이다.

## (2) 운동 능력이 부족하다

학습장애를 가진 아동 중 일부는 전체 운동 능력과 세밀한 운동 협응 능력에서 어려움을 보일 수 있다. 예를 들면, 줄넘기를 하는 경우에 어떤 아이는 팔 전체를 돌려야 하는 운동을 잘 하지 못한다. 이러한 전체 운동을 잘 하지 못하면 연필을 쥐거나 젓가락질을 하는 것 같은 세밀한 운동에서도 어려움을 겪게 된다. 특히 쓰기 장애나 산수 장애가 있는 아동이 이런 특징을 보이기 쉽다. 그러나 읽기 장애 아동 중에는 오히려 운동 능력이나 공간 능력이 우수한 경우도 많다.

## (3) 지각과 정보처리 능력이 떨어진다

학습장애를 가진 아동 중 청력이나 시력에는 문제가 없는데, 듣거나 본 것을 뇌에서 처리하는 능력에는 문제를 가지는 경우가 있다. 예를 들면, 읽기 장애 아동 중 청각변별력이 정상 아동보다 떨어지는 아동은 'ㅁ'과 'ㅂ', '일(1)'과 '이(2)'를 듣고 이 두 개의 음을 구분하는 데 어려움을 보인다.

또 대부분의 사람은 처음 전화 거는 곳의 전화번호를 보고 전화를 할 때까지 입 밖으로 소리 내지는 않아도 마음속으로 되뇌어서 기억을 하지만, 학습장애를 가진 아동은 자신이 본 것을 머릿속에서 소리로 생각하는 것이 어렵다. 즉, 언어의 소리를 인식·분석·지각하거나 글자 및 난어를 빠르게 인식하는 능력 혹은 단어를 기억하는 능력이 부족하다.

### (4) 학습방략을 사용하는 데 어려움이 있다

중학교 이후에는 학습량이 많기 때문에 기초 학습 기능 이외에 학습을 위한 효과적인 방법을 알아야 한다. 공부에 필요한 기술, 즉 어떻게 배워야 하고 또 어떻게 공부해야 하는지를 모르면 학습장애가 생길 수 있다. 그것을 모르는 아이는 어떻게 공부해야겠다는 적극적인 계획을 세울 수 없고, 자신에게 맞는 학습 양식을 개발하지 못하며, 스스로 공부하기 위한 목표를 세울 수도 없다.

또 학습장애를 가진 아동은 조직화 기술이 부족하다. 예를 들어, 읽기 장애를 가진 아동은 '하고' '하니' '해서' 등이 '하다'라고 하는 같은 어근에서 오는 공통된 의미를 지닌다는 것을 이해하지 못한다. 그리고 학습 자료를 비슷한 것끼리 묶거나 서로 다른 것끼리 비교하는 기술이 없으며, 체계화해서 정리하지 못한다.

### (5) 말하는 데 어려움을 보인다

학습장애를 가진 많은 아동이 언어 장애를 가지고 있다. 말하는 데에서의 어려움은 듣기, 말하기 그리고 다른 언어 능력에서도 나타난다. 이런 아이들은 사용하는 어휘의 수가 자신의 나이 수준보다 더 적다. 그래서 단어를 잘 모르기 때문에 정확한 어휘를 사용하지 못하고 다른 말로 얘기하거나 대명사를 씀으로써 의사소통의 어려움을 초래하기도 한다.

### (6) 부적절한 사회적 행동을 한다

학습장애를 가진 아동이 자주 보이는 문제는 사회적 기술이 부족하다는 것이다. 이런 아동은 사회적 상황을 정확히 이해하지 못해서 특정 상황에서 어떻게 행동하고 말하는 것이 적절한지 배우는 데 어려움을 겪는다. 따라서 사회적 관계나 상황에서 어리숙해 보이는 행동 또는 엉뚱한 행동을 할 수 있다. 이들은 사회적 기술이 부족하기 때문에 만족할 만한 사회적 관계를 형성하고 유지하기가 어렵다.

아동기에 무엇보다 중요한 것은 또래 친구와의 관계다. 그런데 이 아이들은 또래 친구를 만들고 유지하는 데 어려움을 겪는다. 게다가 이런 아이들은 어설프고 엉뚱하게 행동하므로 친구들에게 놀림을 받거나 따돌림 당하기 쉽다. 이렇게 좌절을 겪으면 아이의 자존감도 낮아지게 된다.

### (7) 자존감이 낮은 경우가 대부분이다

학습장애 아동은 계속해서 학업성취도가 낮아지고 또래 관계에서 어려움을 겪기 때문에 대개의 경우 자존감이 낮다. 즉,

자기를 중요하고 가치 있는 존재로 인식하지 못한다. 여기에는 부모의 태도도 한몫 거든다. 많은 부모는 자녀의 학업성취도가 떨어지는 것을 이해하지 못하고 잔소리를 하거나 다른 아이들과 비교하곤 한다. "게을러서 그렇다" "노력을 하지 않는다" "돌머리니?" "네 형은 그렇지 않았는데…"라는 말을 여러 차례 듣는다면 자기 자신을 괜찮은 사람으로 보기는 어렵다.

### (8) 동기를 상실하고 무기력한 모습을 보인다

학습장애 아동이 학업에서 반복적인 실패를 경험하고 학교 수업을 따라가기 힘들어하면 자연히 학업에 재미를 느끼지 못하기 마련이다. 게다가 부모가 학업성적이 떨어진다는 이유로 이런저런 과외 학습을 무리하게 시키면 더더욱 공부가 하기 싫어지게 된다. 학습에서의 동기의 상실은 때로 친구 관계나 취미생활 같은 다른 영역에서의 하고자 하는 의욕까지도 빼앗아 버린다. 그렇게 되면 삶 자체를 지겨워하게 되는데, 특히 청소년기로 올라가면서 이런 문제는 더욱 심각해진다.

### (9) 비행을 하거나 사회적응에 실패하기가 쉽다

학업 또는 삶의 전반에서 흥미와 재미를 잃어버린 청소년은 약물 및 오락이 주는 재미와 쾌락의 유혹에 쉽게 빠지게 되며, 이는 비행 집단에 발을 들여놓게 하는 지름길이 된다. 비행 청소년의 절반 가량이 실제로 학습장애를 갖고 있다는 사실을 결코 잊어서는 안 된다.

학업에서의 실패, 대인관계에서의 어려움 그리고 비행 등의 문제는 이들이 성인이 되어서도 사회에서 직업을 갖고 결혼생활을 영위하는 데 장애가 된다. 학습장애가 있는 사람은 성인이 되어서도 직장을 갖기 어렵고 직장을 그만두는 비율이 높으며 이혼율도 일반적인 사람에 비해 현저히 높다는 연구보고가 이런 사실을 뒷받침한다. ◈

# 4. 우리나라 아동의 학습장애의 특징

학습장애에 대한 연구는 아직 우리나라에서 많이 이루어지지 않았지만, 다행히 요즘 들어서 점차 시작되고 있다. 최근까지의 연구 결과를 살펴보면, 우리나라의 학습장애도 외국의 학습장애와 유사한 양상 및 특징을 보인다. 따라서 여기서는 차이점만을 간단히 살펴보겠다.

## (1) 읽기 장애 중 단어재인 장애는 매우 적다

한글은 글자 자체가 발음을 알려 주는 표음문자이고 음절이 시각적으로 구분되기 때문에 다른 어떤 문자보다도 글자를 빠르게 배울 수 있으며 읽기도 쉽다. 아마도 읽는 데에 따르는 부담은 그 어떤 언어보다도 적을 것이다. 이처럼 훌륭한 글자 체계 덕분에 다른 언어권에 비해 글자를 읽는 데 어려움이 있는 아동은 상당히 적은 편이다. 설령 단어재인 장애라고 하더라도 글자를 전혀 읽지 못하는 것이 아니라 흔히 쓰이지 않는 글자를 읽을 때 오류를 범하거나 읽기 속도가 느린 정도다. 그러므로 만일 글자를 읽는 것이 심하게 지체되어 있다면 학습장애보다는 우선 지적장애나 시각장애 혹은 뇌의 질병이나 손상을 의심해보아야 한다.

### (2) 읽기 장애의 대부분이 독해 장애다

한글에는 동음이의어가 많고 한자어 역시 많기 때문에 글을 정확히 이해하는 것이 그리 만만치 않다. 그에 따라 읽기 장애를 지닌 아동 중에서도 단어재인 장애를 지닌 아동의 비율은 적은 반면, 독해 장애를 지닌 아동의 비율은 영어권과 비슷하게 5% 내외로 많은 편이다.

심지어 독해 장애는 학년이 올라갈수록 그 비율이 증가한다. 학년이 올라갈수록 요구되는 이해의 수준은 깊어지고, 글의 의미를 제대로 이해하는 데 필요한 배경 지식의 양은 점차 많아지며, 다양한 분야의 정보와 결합 되어야 하기 때문이다. 고등학생이나 대학생 수준이 되면 글에 적혀 있지 않은 내용까지 추론해서 이해할 수 있는 능력을 갖춰야 하는데, 이것이 부족하면 독해에 어려움이 생긴다.

요즘 우리나라 아동은 대부분 만 4~5세경이면 한글을 읽을 줄 안다. 어떤 아동은 만 2세에도 한글을 읽는다고 하니 참으로 대단하다. 그렇다면 "읽기를 배우는 시기가 빠를수록 독해 능력이 더 발달하는가?"라는 질문을 해볼 수 있다. 저자는 그럴 수도 있고 그렇지 않을 수도 있다고 생각한다.

물론 읽기를 빨리 배워서 읽기 속도가 빨라지고 지식이 늘어나면 작업기억과 의미 처리에 도움이 되기 때문에 읽기 이해 능력이 향상될 수 있다. 하지만 읽기 활동이 이해 과정과 연결되지 않으면 오히려 문제가 될 수도 있다.

언어는 소리, 형상, 의미의 차원으로 나뉜다. 의미에는 피상적인 의미와 맥락을 참고해서 이해해야 하는 심층적인 의미가 있다. 아동은 인지 발달의 특성상 글의 형상과 소리를 연합하는 능력은 있어도 이를 의미와 연합하는 능력은 부족하다. 언어의 심층적인 의미를 알기 위해서는 맥락을 고려해야 하고, 이는 또래나 형제자매 그리고 어른과의 접촉 및 상호작용 경험을 통해서 발달시킬 수 있다. 조기교육을 받아 글을 또래보다 빨리 읽을 수 있게 되었다고 해도 또래나 어른과의 상호작용 경험 없이 동영상이나 책만 집중적으로 보면서 글을 배운다면 심층적인 의미 이해에 한계가 있을 수밖에 없다. 또한 탐구 활동이 없으면 이해의 수준은 깊어질 수 없다. 예를 들어, '참새'라는 단어를 읽을 줄 아는 것과 참새가 어디에 살고 어떤 먹이를 먹고, 언제 짝짓기를 하고 새끼를 어떻게 키우는지, 환경 변화가 참새의 개체수와 서식에 어떤 영향을 주는지 아는 것은 별개다. 즉, '참새'를 읽을 줄 안다고 해서 참새에 대해 안다고 말할 수는 없는 것이다.

경험과 탐구 활동이 부족할 경우 글의 형상이나 소리와 의미 간의 연합이 제대로 형성되지 않기 때문에 글을 보고 읽기는 잘 하더라도 그 뜻을 이해하기는 어렵다. 때로는 무슨 뜻인지 모르는 글자들을 읽을 뿐이며, 자신도 무슨 뜻인지 모르는 말을 하게 된다. 그래서 어른들도 깜짝 놀랄 만한 어려운 단어나 정보를 말하긴 하지만 실은 자신도 무슨 뜻인지 모르고 하는 것에 불과한 것이다. 이런 아동은 맥락에 안 맞는 엉뚱한 소리를 자주 한다. 어른들은 이것을 재미있게 여길 수도 있지만 사실은 이러한 소리가 독해 장애의 가능성을 알려 주는 신호인 것이다.

여기서 부모나 교사에게 꼭 당부하고 싶은 것은 아동이 읽기를 배워서 책을 읽기 시작할 때 반드시 아동과 함께 책을 보라는 것이다. 아동이 글자를 읽을 수 있다는 것은 글자를 소리로 바꿀 수 있다는 것을 말해줄 뿐이지 의미를 이해할 수 있다는 것을 뜻하지는 않음을 알아야 한다. 책을 읽을 수 있다고 해서 책만 던져 주지 말고, 옆에서 같이 보면서 새로운 단어의 의미를 가르쳐 주고 책 내용에 대해 질문하거나 새로운 정보를 탐색하도록 유도하는 질문을 함으로써 아동이 이해하는 능력을 키울 수 있게 도와주어야 한다.

### (3) 쓰기 장애 역시 많다

한글은 읽기에는 쉬운 문자지만 쓰기는 그리 만만치 않다. 쓰기가 어려운 이유는 읽기에 연음법칙이나 7종성법칙과 같은 규칙이 있기 때문이다. 한글은 읽을 때 종성받침이 다음 글자 초성의 영향을 받으며, 종성은 'ㄱ, ㄴ, ㄷ, ㄹ, ㅁ, ㅂ, ㅇ'의 7개 음만 발음에 사용한다. 예를 들어, '책을 읽다'는 '채글 일따'로, '부엌'은 '부억'으로, '꽃'은 '꼳'으로, '꽃을'은 '꼬츨'로 발음한다. 또한 '갇' '갓' '갖' '같'은 모두 '갇'으로 발음한다. 이런 발음 규칙은 읽기를 수월하게 하도록 도와준다. 하지만 거꾸로, 발음한 것을 쓰려면 상당한 어려움을 겪게 된다. '갇'이라고 들었는데 그것이 '갓' 인지 '갖' 인지 어떻게 구분할 수 있을까? 또한 '닥'이라는 발음을 듣고 '닭'이라고 써야 하며, '달글'이라는 발음을 듣고 '닭을'이라고 써야 한다. 분명히 '닥' 과 '달'은 발음이 다른데 왜 같은 '닭'이라고 쓰는가? 이처럼 쓰기는 단지 듣기만 잘해서 되는 것이 아니라 맥락과 의미를 고려해야 하고 단어에 대한 지식도 지녀야 하는 복잡한 과정이다. 이런 연유로 우리나라의 쓰기 장애 인구는 영어권에서와 비슷한 정도로 많다.

### (4) 학년이 올라갈수록 학습장애의 비율은 증가한다

아동의 연령이 높아질수록 학습장애를 유발하는 요인이 증가한다. 초등학교 저학년에서는 주로 읽기 기술이 부족할 때 학습장애가 생긴다. 그러다가 학년이 올라갈수록 학습해야 할 내용이 늘어나면서 기억력이 중요해지고, 점점 기억방략이나 인지방략 등이 학업에 중요한 영향을 미치게 된다. 이처럼 학업성취도에 영향을 주는 요인이 증가하면서 이런 요인에서 취약성을 보이는 아동이 학습장애를 갖게 되므로 학년이 올라갈수록 학습장애 아동의 비율은 증가한다.

게다가 우리나라의 초등학교 교과과정이 상당히 어려운 것도 한몫한다. 현재의 초등학교 교과과정은 지능이 보통 이상이고 정상적으로 발달하는 아동만이 따라갈 수 있을 정도로 어려워서 지능이 보통 이하이거나 학습장애와 같이 특정 영역에서 인지적 결함을 지닌 아동은 도저히 따라갈 수가 없다. 이런 격차는 학년이 올라가면서 점점 더 벌어지기 때문에 학년이 올라갈수록 학습장애로 진단받는 학생의 비율은 증가한다. ◆

# 5. 오해하기 쉬운 유사 장애

앞서 학습장애의 특징에 대한 논의에서 살펴보았듯이, 학습장애에는 4가지 공통적인 특징 외에도 학교 공부 및 친구관계의 문제와 주의력의 문제가 있다. 그러나 아이들을 관찰할 때 학습장애 아동을 정확하게 구분할 수 있을 만큼 학습장애가 다른 장애와 구별하기 쉬운 것은 아니다. 여기에서는 학습장애와 혼동하기 쉬운 몇 가지 유사 장애 및 학습 문제를 살펴보도록 하겠다.

## (1) 주의력결핍 과잉행동장애

주의력결핍 과잉행동장애ADHD란 그 이름이 말해주는 것처럼 주의를 집중하는 것이 어렵고 지나치게 과격하며 부산한 행동을 보이는 것을 말한다. 주의력결핍 과잉행동장애 아동은 자신이 속해 있는 학교, 가정, 사회적 상황에서 빈번하고 심각하게 지속적인 부주의 또는 과잉행동-충동적 행동을 보인다. 모든 상황에서 이런 문제를 보이는 경우도 있고, 학교와 같이 특정한 상황에서만 문제행동을 보이는 경우도 있다.

주의력결핍 과잉행동장애를 지닌 아동은 무질서하고, 세부적인 것에 면밀한 주의를 기울이지 못하며, 학업이나 다른 과제에서 신중하게 생각하지 않음으로써 부주의한 실수를 범한다. 흔히 이런 증상을 보이는 아동은 공부를 하거나 놀이를 하면서도 자기가 하고 있는 공부나 놀이에 지속적인 주의를 기울이지 못한다. 이 장애로 진단받은 아동은 하나의 일을 시작하더라도 조금 있으면 다른 일로 넘어가고, 그 일을 다 끝맺기 전에 또 다른 일로 방향을 바꾼다. 또한 종종 다른 사람의 요청이나 지시에 따라 일을 하지 못하며, 학업이나 작업 등 많은 종류의 과제도 제대로 끝마치지 못한다.

이러한 아동은 자신과 직접 관계가 없는 사소한 자극에 의해 쉽게 산만해지고, 보통 다른 사람들은 무시하는 사소한 소음이나 사건에 주의를 기울이기 때문에 진행 중인 일을 자주 중단하게 된다. 더욱이 그들은 흔히 일상적인 활동을 잊어버린다.

과잉행동은 자리에서 뭔가를 만지작거리거나 움직이고, 가만히 앉아 있어야 하는 경우에 그러지 못하며, 교실 및 식당 같은 장소에서 지나치게 뛰어다니거나 지나치게 수다스럽고

번잡한 말 또는 행동을 보이는 것으로 드러난다.

이러한 주의력결핍 과잉행동장애의 특성 때문에 아동은 수업시간에 어수선하고 집중하지 못한다는 이유로 교사에게 많이 혼나고 학급 친구들에게도 놀림을 받는다. 수업시간에 집중을 잘 하지 못하기 때문에 학업성적 또한 낮을 수밖에 없다. 그러나 우리가 알아야 할 것은 이들의 행동이 의도적이거나 교사를 무시하기 위함이 아니라는 것이다. 단지 이들은 자신의 행동을 스스로 통제할 능력이 없기 때문에 이렇게 행동하는 것이다.

주의력결핍 과잉행동장애와 학습장애는 모두 주의집중의 문제를 지니고 학업성취도가 떨어진다는 공통점이 있다. 또한 이와 같은 장애를 지닌 아동들의 절반 정도는 다른 하나의 장애까지도 갖고 있는 것으로 밝혀지고 있다. 따라서 이 두 장애를 구분하는 것은 상당히 힘들며, 자세한 면담과 정밀한 심리평가를 통해서나 가능하다.

굳이 학습장애 아동과 주의력결핍 과잉행동장애 아동의 차이점을 찾아본다면, 학습장애만 지닌 아동은 주의력결핍 과잉행동장애만 지닌 아동에 비해서 산만하거나 충동적이거나 파괴적인 행동을 보이는 경우가 적다는 것이다. 특히 학습장애 아동은 초등학교에 입학하기 전에는 겉으로 드러나는 행동적인 문제가 심하지 않다. 단지 뭔가를 배우는 것이 느려

**학습장애와 주의력결핍 과잉행동장애의 차이점**

- 학습장애 아동은 주의력결핍 과잉행동장애 아동과 달리 충동적이거나 파괴적인 행동을 보이지 않는다.
- 학습장애 아동은 초등학교 입학 전에는 행동적인 문제를 심하게 보이지 않는다.

서 답답하다는 느낌을 줄 뿐이다. 이에 비해서 주의력결핍 과잉행동장애 아동은 초등학교에 입학하기 훨씬 전인 어린 시기부터 통제가 어렵고 충동적이며 잘 다치는 등의 행동 문제를 보인다.

## (2) 학습지진

지진 혹은 지체라는 개념은 '늦다'라는 의미를 지닌다. 다시 말하면, 정상적인 발달을 하는 아이들보다 발달 속도나 비율 면에서 늦다는 것이다. 또한 특정한 능력이 없는 것이 아니라 시간이 지나면 조금씩 나아질 수 있는 것이라는 뜻 역시 내포하고 있다.

지체 아동의 가장 현저한 특징은 지적 발달의 장애다. 학습장애와 관련된 언어 발달의 예를 살펴보자. 정상적인 아동은 1세경에 한 단어를 사용하고, 1세 3개월경부터 두 단어를 사용한다. 이어서 2세경이면 동사를 사용하고, 3세 반경에 이르면 대명사를 사용할 수 있다. 그런데 지체 아동은 언어 발달이 정상적인 아동보다 훨씬 느리며, 특히 추상화와 일반화에 사용하는 언어가 발달하지 않는다. 이렇게 지체되는 경우에는 언어를 이해하거나 사용하기가 어렵고, 또래에 비해 산수와 과학 학습에서 수행이 현저하게 뒤처진다.

지체되었다는 것은 정확히 무엇을 뜻하는가? 미국지적장애학회(AAMR, 1992)에서는 지적장애가 현재 생활하는 데 실질적으로 제한이 있는 것을 의미한다고 본다. 지적장애는 유의미하게 평균 이하인 지적 기능과 낮은 지적 능력에 따른 적응 문제가 동시에 2가지 혹은 그 이상의 실제 적응 기술 영역예: 의사소통, 자기관리, 가정생활, 사회성 기술, 지역사회활동, 학업, 여가, 직업 기술의 영역에서 존재하는 것으로 특징지을 수 있으며, 보통 18세 이전에 나타난다.

미국정신의학회APA에서는 지적장애의 정도를 다음과 같이 분류하였다.

가벼운 정도의 지적장애: IQ 50~55에서 약 70까지
중간 정도의 지적장애: IQ 35~40에서 50~55까지
심한 정도의 지적장애: IQ 20~25에서 35~40까지
아주 심한 정도의 지적장애: IQ 20 혹은 25 이하

여기에서 사용한 지능지수IQ는 학교에서 일반적으로 사용하는 집단 지능검사로 측정한 것을 의미하지 않는다. 대개 학교에서 사용하는 집단 지능검사는 지능지수를 과대 추정하며, 지필검사이기 때문에 타당도가 떨어진다. 따라서 진단 분류나 지적장애를 평가하기 위한 검사는 개인 지능검사를 사용해야 하며, 반드시 전문가가 실시하여야 신뢰롭고 타당한 결과를 얻을 수 있다.

지적장애가 있는 경우에는 정규 수업을 따라가는 것이 거의 불가능하므로, 특수학급이나 특수학교에서 이루어지는 교육을 통해 단순한 언어 기술, 산술, 대인관계 기술 등을 반복

---

### 🔑 학습장애와 학습지진의 차이점

- 학습장애 아동은 개인 지능검사에서 보통 수준 이상의 지능을 보인다. 그러나 학습지진 아동은 보통 이하(대개는 IQ 80 이하)의 지능을 보인다.
- 학습지진 아동은 모든 교과목에서 저조한 성취를 보이지만, 학습장애 아동은 잘하는 교과목이 있을 수 있다.
- 학습장애 아동은 특정한 영역에서만 다른 아동에 비해 발달이 느리지만 학습지진 아동은 언어, 공간 능력, 운동 능력, 대인관계, 정서 등 대부분의 영역에서 다른 아동에 비해 발달이 느리다.

해서 학습하게 해야 한다. 지적장애 아동을 교육하고 훈련하는 목적은 상급학교로의 진학보다도 독립된 생활을 영위할 수 있도록 일상생활에 필요한 기술을 가르치기 위한 것이다.

지적장애는 아니지만 지능지수가 71에서 80에 이르는 경우를 '경계선 지능'이라고 하는데, 여기에 해당하는 아동은 특수교육을 받을 정도는 아니지만 학교 수업을 따라가는 것에서는 여전히 어려움을 보인다. 따라서 경계선 지능의 아동은 개인 지도가 필요하며, 성인이 되어서 직업을 갖고 독립된 생활을 할 수 있도록 단순한 기술을 습득하게 도와주어야 한다.

### (3) 학습부진

학습부진은 정상적인 지능을 가지고 있고 학습장애처럼 특정한 인지 기능의 결손이 없음에도 우울이나 불안과 같은 정서적 요인, 열악한 환경, 신체적 장애 등으로 인해 자신의 지적 능력만큼의 학습 성과를 올리지 못하는 것을 의미한다.

우울이나 불안과 같은 부정적인 정서가 심할 경우에는 주의를 집중하기가 어렵다. 그리고 우울한 아동은 공부나 일상의 여러 가지 활동에도 별로 흥미를 느끼지 못한다. 이런 이유 때문에 우울하거나 불안한 아동은 학업성취도가 현저히 저하된다.

많은 경우 학습장애와 학습부진은 행동관찰만으로는 구별

**학습장애와 학습부진의 차이점**

- 학습부진과는 달리 학습장애 아동 중에는 정서적 문제나 환경적 문제가 없는 경우도 있다.
- 학습부진 아동은 읽기 능력, 기억 능력과 같은 기본적인 인지 기능에서 정상 아동과 차이를 보이지 않는다.
- 정서적 문제가 있는 학습부진 아동의 경우 학업 성적이 갑자기 떨어질 수 있다.

하기가 어렵다. 학습장애가 있는 경우라 해도 장기간 학업 성취도가 저조하기 때문에 자존감에 손상을 입는다든지 대인관계의 어려움으로 인한 정서적인 어려움을 겪을 수 있기 때문이다. 따라서 학습장애인지 학습부진인지는 단순히 학업성취도 검사나 정서 평가만으로는 알 수 없으며, 읽기 능력과 기억 능력 같은 기본적인 인지 기능 평가가 세밀하게 이루어져야 한다. 현재 우리나라에서는 학습장애 평가가 제대로 되지 않고 있기 때문에 대부분의 학습장애 아동이 학습 부진으로 오해를 받고 있다. ◆

# 학습장애는
# 왜 생기는가

**2**

# 1. 신경생물학적 원인

"아이가 학습장애입니다"라고 말하면 대부분의 부모가 처음 하는 질문은 "원인이 뭔가요?"다. 학습장애는 어떻게 해서 생기는 것일까?

한마디로 말한다면 학습장애는 학습과 관련된 기능을 담당하는 뇌 기능의 발달이 다른 기능에 비해서 지연되어 생기는 것이다. 뇌의 기능 발달은 유전, 임신 중 약물 복용이나 산소 결핍으로 인한 손상, 초기 학습 경험 등의 영향을 받는다.

## 1) 유전적 소인

학습장애가 발생하는 이유를 설명하려는 많은 이론과 실험이 공통적으로 동의하는 한 가지 사실이 있다. 그것은 바로 학습장애의 소인이 상당 부분 유전된다는 것이다. 어떻게 어떤 방식으로 유전이 되는지는 아직 확실하게 밝혀진 것이 없지만 학습장애를 유발하는 소인이 유전된다는 것을 보여주는 증거는 상당히 많다.

가족 안에서 학습장애를 가진 아동이 계속 나타난다면 유전적 영향을 받고 있는 것임을 알 수 있다. 하지만 유전의 영향은 그리 단순하지 않다. 예를 들어, 읽는 데 필요한 기술이 부족한 부모 밑에서 자란 아동이 부모와는 약간 다르게 쓰기 장애나 산수 장애를 보일 수도 있다. 또한 쓰기 장애를 가진 부모의 아이가 언어표현 장애를 가질 수도 있다. 이를 통해 볼 때 특정 학습장애가 완벽하게 유전되지는 않으며, 유전되는 것은 아마도 대를 이어서 학습장애를 유발하는 미묘한 뇌의 역기능인 것으로 추정할 수 있다.

한편, 학습장애가 유전된다는 견해를 반박하는 연구자들은 학습의 어려움은 실질적으로 가정환경에서 비롯될 수 있다고 설명한다. 예를 들면, 언어표현 장애를 가진 부모는 자신의 자녀와 거의 말을 하지 않거나 말을 한다 해도 자신이 사용하는 잘못된 언어로 이야기한다. 그런 경우에 아동은 언어 습득을 위한 훌륭한 모델이 없으므로 학습 결함을 보이게 된다. 즉, 유전이 아닌 가정환경이 학습장애를 대물림하게 만든다는 것이다.

## 2) 태아의 뇌 발달에서의 이상

뇌는 학습과 관련된 변별, 기억, 인출 등 모든 인지 기능을 담당한다. 이렇게 중요한 뇌가 발달하는 과정에서 이상이 생기면 학습장애가 나타날 수 있다.

수정된 태아는 엄마의 뱃속에서 자라기 시작한다. 태아가 자란다는 것은 적은 수의 세포가 인간의 몸에 필요한 기관을 만들기 위해 세포분열을 하고, 분열된 세포가 이동을 하면서 더 많은 분열을 하는 과정을 거친다는 것을 의미한다. 이와 같은 세포분열이나 분열된 세포가 이동하는 과정에서 세포는 손상을 입을 수 있고, 그 손상이 뇌와 관련된 것일 때 학습장애가 발생할 수 있다.

태아의 뇌는 임신 기간에 복잡한 조직 속에서 많은 세포로부터 무수하게 세분화되고, 그 세포들은 서로 연결망을 형성한다. 뇌의 발달은 임신 초기에 일어나는데, 이때 신경세포들이 세분화되고 서로 연결망을 형성하는 과정에서 뉴런의 형태혹은 연결이 바뀌거나 잘못 연결될 수도 있다.

불행히도 임신 기간에 발달하는 뇌는 분열할 때 상처를 받기 쉽다. 특히 산모가 술이나 담배 같은 약물을 복용한다든지 졸도를 해서 산소 공급이 중단될 경우 태아의 뇌 발달에 혼란을 일으킬 수 있다. 만약 세포분열 초기에 이상이 생긴다면 태아는 죽거나 지적장애를 가지고 태어날 가능성이 높아진다. 한편, 분열 후기에는 세포가 세분화되고 특정한 부분으로 이동했을 때 세포의 구성과 위치 혹은 연결에서 이상이 나타날 수 있다. 이런 이상이 후에 특정한 학습에서의 어려움을 일으키는 요인으로 나타난다는 가설들도 있다.

뇌세포의 손상이나 이상을 가져올 수 있는 중요한 요인은 담배와 술이다. 임신 중에 산모가 먹는 모든 것은 탯줄을 통해 곧바로 아이에게 전달된다. 성인과 달리 태아의 뇌는 충분한 보호 체계가 완성되어 있지 않은 상태이며, 특히 알코올과 니코틴 성분은 뇌까지 침투해 들어간다. 따라서 임신 기간에 복용하는 담배, 술 또는 뇌에 영향을 주는 약물은 산모 뱃속의 태아에게 상당히 치명적인 손상을 입힐 가능성이 높다.

또한 임신 기간에 흡연을 하면 저체중아를 낳을 가능성이 높아지는데, 이때 아동이 학습장애를 포함한 다른 여러 문제를 보일 가능성 역시 높아진다.

술도 태아의 뇌 발달에 있어서 위험 요인이 된다. 술은 발달하는 뉴런을 왜곡시킬 가능성이 있는 것으로 밝혀졌다. 따라서 임신 동안의 심한 음주는 태아에게 태아 알코올 증후군, 저체중, 지능 손상, 과잉행동, 신체적 손상 등을 일으킬 수 있다. 또 임신 동안의 특정 약물 복용은 학습, 주의, 기억 혹은 문제해결 능력에도 손상을 입힐 수 있다. ◆

# 2. 인지적 결함

유전, 임신 중 약물 복용, 태아의 산소 공급 중단과 같은 이유로 뇌에 손상이나 변형이 생겼을 경우 인지적 결함 혹은 장애가 발생한다. 때로는 출생 후 초기 경험에 문제가 있어서 인지적 결함이 생길 수도 있다.

태어날 때 뇌는 완전히 발달하지 않은 상태이며, 출생 후에도 뇌 속 신경세포 간의 연결은 복잡하게 형성된다. 이때 연결에 영향을 주는 것이 경험이다. 굉장히 복잡하게 연결망을 만들어 온 신경세포들은 만 3세를 전후해서 대폭 정리를 단행한다. 아마도 자주 사용한 회로는 남겨 두고 필요 없는 회로는 제거하는 것으로 보인다. 이 시기까지가 뇌의 기능 발달에 결정적인 시기이며, 출생 후의 경험이 이 시기에 큰 영향을 미친다.

만 3세경까지의 아이의 경험이 편협하게 치우친나면 사주 사용한 기능은 우수하게 발달하는 반면, 사용 빈도가 적은 기능은 제대로 발달하지 않아 발달 수준의 불균형을 초래할 수 있다. 이때 발달이 지연된 기능이 다음과 같은 기능인 경우 학습장애가 발생한다.

### 1) 청각적 변별력

대부분의 학습장애 아동은 읽기에 문제를 보이며, 다른 아동에 비해서 들은 소리를 정확하게 구분하는 능력이 떨어지기 때문에 읽기 문제가 발생하는 경우가 종종 있다. 청각에 장애가 있는 것은 아니지만 소리를 정확히 구분해서 지각하는 능력이 부족하기 때문에, 즉 정확하고 분명하게 듣지 못하기 때문에 쓰인 글자와 소리 내는 음운 간의 연합 학습이 제대로 이루어지지 않아서 읽기 능력이 떨어지는 것이다.

### 2) 규칙 학습 능력

학습장애 아동은 일반적인 아동에 비해서 규칙을 학습하는 능력이 부족하다고 한다. 쉬운 예로, 사람들은 대부분 '감' '봄' '솜'이라는 글자 모두 종성에 'ㅁ' 소리가 있다는 것을 깨달음으로써 'ㅁ' 받침의 음가를 배우게 된다. 그렇게 되면 처음으로 '탐'이나 '김'이라는 글자를 접해도 종성에 'ㅁ'의 음을 적용해서 발음할 수 있다. 그런데 만일 이 규칙을 배우지 못한다면 어떻게 될까? 모든 글자마다 받침의 음가를 따로 익혀야 하기 때문에, 예를 들어 '탐'이라는 글자의 발음도 새로 배워야 하고, '김'의 발음도 새로 배워야 한다. 이렇게 되면 글 읽는 기술의 발달이 자연히 느려질 수밖에 없다.

### 3) 기억력

최근의 몇몇 연구는 읽기 장애 아동의 기억력이 정상 아동에 비해 떨어진다는 것을 지적하고 있다. 기억은 '단기기억' '장기기억' '작업기억'으로 나뉘어 개념화되어있다. 단기기억은 적은 양의 자료를 몇 초간 유지하는 것을 말하고, 장기기억은 비교적 오랫동안 기억에 저장하는 것을 말한다. 그리고 단기기억과 장기기억을 연결해주고, 장기기억에 저장되어있는 정보를 인출해서 단기기억에 들어온 정보와 비교·통합하며, 정보를 조작하거나 그 의미를 처리하는 것을 '작업기억'이라고 한다. 저장이라는 면에서만 보면 단기기억과 작업기억은 유사하지만, 단기기억은 소극적인 저장소의 개념이라면 작업기억은 적극적이고 능동적인 처리 및 조작에 더 초점을 맞추는 개념이다.

작업기억은 단기기억처럼 동시에 처리할 수 있는 용량에 제한이 있다. 학습장애 아동은 이 작업기억의 용량이 크지 않아서 들어온 정보를 처리하는 능력이 부족하고, 장기기억에 정보를 저장하는 것이 어렵다고 한다. 이와 같은 문제가 규칙이나 읽기 기술 등을 배우는 데 어려움을 초래하고, 여러 가지 과제를 수행하는 데에도 어려움을 낳는다.

## 4) 인지방략 사용 능력

인간의 기억에 관한 연구에 따르면, 사람이 한 번에 동시에 처리하거나 기억할 수 있는 정보의 양은 제한되어 있다. 다시 말해, 단기기억의 저장 능력이나 작업기억의 처리 용량은 사춘기까지는 조금씩 커지긴 하지만 한계가 있다. 흔히 '매직 7'이라고 해서 7개 내외의 정보 단위를 기억할 수 있을 뿐이다. 그런데 학년이 올라갈수록 아동이 기억해야 할 교과 내용은 급속히 늘어난다. 이를 단순히 기억하는 것으로는 기억 용량을 초과하기 쉽다. 따라서 제한된 기억 용량을 효율적으로 사용하는 방략이 필요하다. 이런 인지방략을 모르거나 이용하지 않는 학생은 당연히 성취도가 떨어지게 된다.

가장 쉬운 인지방략으로는 반복과 조직화가 있다. 반복은 특정한 내용을 기억하기 위해 속으로 그 내용을 반복해서 되

뇌는 것으로, 가장 쉬운 기억방략이다. 조직화는 비슷한 내용 혹은 같은 범주에 속하는 내용을 하나로 묶거나 체계화하는 것이다. 이처럼 반복과 조직화 방략을 사용하면 더 많은 정보를 효율적으로 기억할 수 있고, 필요할 때 쉽게 생각해낼 수 있다. 그런데 학습장애 아동은 반복과 조직화를 하지 못하므로 기억할 때 비효율적이고, 기억했다 하더라도 나중에 어떠한 것이 어디에 속하는지 혼란스러워하는 일이 발생할 수 있다. ◆

# 3. 환경의 영향

　교육적이고 환경적인 사건은 학습 과정을 수정하게 만들 수 있고 아이의 뇌 기능 발달에도 영향을 줄 수 있다. 특히 생후 3년간의 초기 경험은 뇌 기능 발달에 매우 중요한 역할을 한다. 물론 그 이후에도 아이의 경험과 학습은 뇌 발달에 지속적으로 영향을 준다. 초등학교에 입학할 무렵 지능검사를 실시했던 아동에게 초등학교 고학년 때 다시 지능검사를 실시해 보면 지능지수에 상당한 변동이 있는 사례를 드물지 않게 접할 수 있다. 특히 어릴 때는 지능지수가 상당히 높았지만 몇 년 후에 지능지수가 보통 수준으로 내려온 경우가 가장 흔하다. 이를 볼 때, 아동이 어떤 교육과 경험을 하는지가 아동의 인지 능력 발달에 상당한 영향을 준다는 것을 알 수 있다.

　적절하고 좋은 교육이나 환경은 학습 과정과 인지 발달을 도울 수 있으나, 잘못된 교육방법이나 부적절한 환경 및 경험은 학습과 인지 발달을 방해할 수 있다.

## 1) 가정환경

아동이 처음으로 접하는 환경은 가정이다. 아동이 어린 시절에 가정에서 경험하는 것은 인지 발달에 영향을 미치고, 이후에 학교 수행의 기본이 된다. 아동이 처음 만나게 되는 선생님인 부모가 아이와 놀아주고 이야기를 건네는 것은 아이에게 지적인 자극을 주고 아이의 정서적 성장을 도와준다. 나중에 발달하게 되는 자기개념, 자존감, 교육에 대한 흥미 그리고 학습에 대한 호기심의 발달은 모두 가정 안에서 제공되는 부모의 지지와 격려에 그 뿌리를 두고 있다.

역기능적인 가정환경은 학습 문제를 일으킬 수 있다. 부모가 자주 싸우거나 아이를 정신적·육체적으로 학대할 경우에 아이는 정서적으로 심한 불안에 휩싸이기 때문에 자신이 가지고 있는 지적인 잠재력을 제대로 발휘할 수 없다. 이런 아이들은 자존감도 낮고 대인관계에서도 문제를 보인다.

역기능적이지는 않더라도 부모가 아이와 함께 놀이를 하는 시간이 적고 아이 혼자서 놀아야 하거나 혼자 독서 혹은 비디오 시청을 해야 하는 시간이 많다면, 아이는 사회적 맥락에 대한 이해가 부족하게 되고 다양한 자극을 경험하지 못하게 되기 때문에 인지 기능이 정상적으로 발달하지 못할 수 있다.

아동의 학습장애는 또한 가족구성원에게 영향을 미칠 수 있다. 학습장애가 있는 아동을 둔 부모는 그 아이의 교육 문제로 골머리를 앓기 쉽고, 아이에게 자주 신경질을 내게 된다. 이렇게 되면 부모는 자녀의 교육 문제 때문에 무기력감을 경험하고 집안 분위기도 침체된다. 또한 학습장애가 없는 자녀를 편애하는 일이 벌어지고, 장애 아동을 집안의 희생양으로 만드는 일까지 생기기도 한다.

### 2) 부모의 교육 수준

학습장애와 부모의 교육 수준은 매우 밀접한 관련이 있다. 특히 어머니의 교육 수준은 지능이나 다른 어떤 요인보다도 학습장애와의 상관이 높다는 보고가 있다. 이에 따르면, 어머니의 교육 수준이 낮을수록 학습장애가 발생할 확률은 높다고 한다. 이러한 결과는 아마도 아동에게 있어서 최초의 선생님이 대개는 어머니인데, 어머니의 교육 수준이 낮을 경우 자녀에게 적절한 교육을 제공하지 못하기 때문일 것이다. 가령, 구체적인 학습 방법을 가르쳐 주지 못한다든지 아이에게 맞지 않는 잘못된 교육방법을 사용한다든지 하는 것이 아이의 학습 문제를 유발할 수 있다.

### 3) 교육방법

　잘못된 교육방법도 학습 문제를 일으키는 요인이 될 수 있다. 교육을 받아야 하는 아동이 몇 살이고, 지능 수준이 어느 정도이고, 무엇에 흥미를 갖고 있는지에 따라 적절한 교육방법 또한 다르다. 그런데 이런 변수를 무시하고 획일적인 교육방법을 적용하게 되면 학습에 대한 흥미를 잃는다든지 무기력감에 빠진다든지, 학습 내용을 제대로 이해하지 못하는 등의 문제가 발생한다. 그리고 이런 문제가 장기간 지속되면 학습장애로도 발전할 수 있다.

　예를 들어, 지적으로 우수한 아동에게 지나칠 정도로 반복연습을 하게 하는 학습지를 주어서 학습을 시키면 아이는 얼마 못 가 지루한 학습지 때문에 오히려 학습에 대한 흥미를 잃고 주의가 산만해지는 행동을 보이게 될 것이다. 반대로 지적발달이 느린 아동에게 어려운 교재를 주고 공부를 하게 하면 제대로 학습하는 것이 별로 없을 것이다.

　연령을 고려하는 것도 중요하다. 아동의 인지 능력은 계속해서 발달하며, 특정 연령에서 가능한 능력에는 한계가 있다. 이 한계를 알고 그것을 넘지 않는 범위에서 교육해야 한다. 그렇지 않으면 피상적인 학습이 되어, 앞에서 보았듯이 어린 시절의 영재교육으로 오히려 엉뚱한 학습 문제를 보일 수 있다. ◆

# 학습장애는 어떻게 진단하는가

**3**

학습장애는 뇌의 기능 발달에 영향을 받는 장애이며, 뇌의 발달은 나이가 들어갈수록 더디고 변화가 어렵다. 치료적 개입의 효과는 뇌의 발달과 변화가 가능한 정도에 비례하므로, 학습장애는 발견되는 연령이 어릴수록 치료의 효과가 빠르게 나타나고 더 많은 도움을 줄 수 있다. 따라서 학습장애는 언제 발견되느냐 하는 것이 치료의 효과를 결정한다고 해도 과언이 아니며, 그만큼 조기발견이 중요하다.

학습장애를 조기에 발견하려면 일차적으로 부모의 역할이 크지만 부모는 자신의 아이를 객관적으로 보기가 어렵기 때문에 사실상 다른 아이들과 객관적인 비교가 가능한 유치원 혹은 초등학교 저학년 때의 교사가 학습장애의 조기발견에 중요한 역할을 담당한다. 교사는 다른 아이들에 비해서 발달이 느린 아동을 쉽게 찾아낼 수 있다. 교사의 중요한 책임 중 하나는 아동의 발달 지연을 부모에게 알려서 가능한 한 빨리 전문적인 평가와 도움을 받을 수 있게 도와주는 것이다.

# 1. 행동 관찰에 의한 진단

### 1) 부모에 의한 행동 관찰

학습장애를 잘 모르는 부모는 아이가 초등학생인데도 읽기 또는 쓰기를 잘 하지 못할 경우, 아이 탓을 하거나 '크면 나아지겠지' 하는 자세로 안일하게 대처한다. 하지만 학습장애는 조기치료가 중요하므로 아이를 세심하게 관찰하여 적시에 도움을 받도록 도와주어야 한다.

다음에서 제시하는 신호들은 학습장애 아동이 흔히 보이는 행동 증상이다. 자신의 아이를 잘 관찰하여 다음과 같은 행동 중 몇 가지가 나타난다면 전문가에게 심리 평가를 받아보아야 할 것이다.

우선 미취학 아동이라면 다음과 같은 특징을 보이는지 관찰해보아야 한다.

- 다른 아이들보다 말이 늦다.
- 발음이 정확하지 않다.
- 어휘(단어)를 배우는 속도가 느리다.
- 말하는 중간에 적절하지 않은 단어를 사용한다.
- 특정한 글자를 발음하는 것을 어려워한다.
- 수, 철자, 요일, 색, 모양의 이름을 배우는 데 어려움을 보인다.
- 지시를 잘 따르지 못한다.
- 운동 기술의 발달이 느리다.

유아의 경우에는 특히 언어 발달이 또래보다 느려지는 않은지, 글을 읽는 것을 배우는 기간이 다른 아이들보다 오래 걸리는 것은 아닌지 관찰하는 것이 중요하다. 이런 특징은 비교적 관찰이 쉽고 학습장애와의 관련성이 높기 때문이다.

한편, 아이가 초등학생이라면 부모는 다음의 사항을 유심히 관찰함으로써 아이에게 학습장애가 있는지 파악할 수 있다.

- 받아쓰기를 할 때 많이 틀린다.
- 수 개념을 잘 이해하지 못하거나 수학 부호를 혼동한다.
- 특정한 사실을 기억하거나 배우는 것에서 어려움을 보

인다.

- 새로운 기술이나 책략을 배우는 것이 느리다.
- 시간 개념을 배우는 것을 어려워한다.
- 접두사나 접미사, 어근과 어미를 잘못 사용한다.
- 크게 소리 내어 읽는 것을 피한다.
- 필기를 어려워하고, 완벽하게 필기를 해오지 못한다.
- 작문하는 것을 회피한다.
- 사건을 회상하는 것이 느리거나 서툴다.

부모가 초등학교 저학년 아동에게서 가장 쉽게 관찰할 수 있는 학습장애의 지표는 받아쓰기인 경우가 많다. 또래에 비해 받아쓰기에서 많이 틀린다면 학습장애를 의심해보아야 한다. 그리고 아동이 다른 아이들보다 기억력이 떨어지는 것 같거나 사용하는 어휘의 수가 적다면 검사를 받아보는 것이 현명한 방법이다.

## 2) 교사에 의한 행동 관찰

아이가 초등학교에 입학하면 한 명의 담임교사에게 여러 과목을 배우게 되며, 반 친구들과 어떻게 어울려야 하는지, 또 학교에서 어떻게 생활해야 하는지에 관해 전반적인 지도를 받게 된다. 담임교사는 반 아이들의 학습 태도와 생활 태도 및 학습의 문제점 등에 관한 가장 생생한 정보를 가지고 있으며, 여러 아이를 동시에 관찰하기 때문에 누가 발달이 빠르고 느린지 쉽게 알 수 있다. 따라서 어떤 아동이 학습장애인지 의심해볼 수 있는 첫 번째 전문 인력이 바로 교사다.

교사는 학급의 특정 아동이 '부모에 의한 행동 관찰'에서 언급한 특징을 보이고, 특히 다음과 같은 특징과 상당한 일치를 보인다면 부모에게 학습장애가 있을 가능성을 알려주어서 아이가 학습장애가 있는지 전문가의 평가를 받아볼 수 있도록 조치해야 한다.

- 다른 학생들에 비해서 배우는 속도가 느리다.
- 여러 번 가르쳐도 이해를 잘 못한다.
- 글을 읽는 속도가 느리고 가끔 틀리기도 한다.
- 자기 학년 수준의 단어를 알지 못한다.
- 칠판에 쓰인 것을 보고 정확하게 옮겨 쓰지 못한다.
- 글씨를 단정하게 쓰지 못하여 공책이 매우 지저분하다.
- 맞춤법이나 문법을 많이 틀린다.
- 글을 쓰거나 말할 때 앞뒤가 맞지 않다.
- 계산 부호를 혼동하는 일이 잦다.
- 더하기, 빼기, 나누기 및 곱하기를 학년 수준에 맞게 하

지 못한다.

쉽게 이야기하면, 저학년에서 다른 학생들에 비해 배우는 속도가 느리고 잘 틀린다면 학습장애의 가능성을 의심해보아야 한다. 고학년이 되면 학습장애는 눈에 띄게 드러난다. 읽기, 이해, 쓰기, 산수 중에서 하나 또는 그 이상의 학습 기능이 학급 내 하위 10% 이하이고, 이런 저조한 수준이 6개월산수는 1년 이상 지속되고 있다면 학습장애일 가능성이 매우 높다. 학습장애가 아니더라도 지적장애, 주의력결핍 과잉행동 장애 혹은 정서적 문제로 인한 학습부진일 수 있으므로 전문가의 평가를 받아 그 원인을 파악하고 치료를 받도록 부모에게 알려주어야 한다.

가끔 이런 문제를 부모에게 알려주는 것이 부담스럽다고 생각해서 알리는 것을 꺼리는 경우가 있는데, 학습장애는 한 아이의 인생을 좌우할 수 있는 중요한 문제이며 하루라도 빨리 치료를 시작하는 것이 좀 더 도움을 줄 수 있다는 점을 이해하고 발견 즉시 부모에게 알리도록 해야 한다. ◈

# 2. 심리 평가에 의한 진단

심리 평가란 전문가가 행동 관찰과 면접을 하고, 지능 검사나 성격 검사 같은 심리검사 등을 통해서 한 개인의 특성 및 장애 그리고 장애의 원인을 종합적이고 체계적으로 알아가는 과정을 말한다. 심리 평가에서 심리검사가 중요한 이유는 좋은 심리검사의 경우 짧은 시간 안에 개인에 관한 객관적이고 신뢰할 수 있는 정보를 제공하기 때문이다.

최근 우리나라에 아동상담센터의 수가 급격히 늘어나면서 전문가에 의한 심리 평가를 실시하지 않고 행동 관찰과 부모의 보고에만 의지해 주먹구구식으로 치료를 진행하는 사례가 많아졌다. 이로 인해 학습장애나 주의력결핍 과잉행동 장애를 가진 아동이 적절한 치료를 받지 못하고 개입의 결정적인 시기를 놓치는 경우를 종종 보게 된다. 뇌의 기능 발달과 밀접한 관련이 있는 장애는 얼마나 일찍 발견해서 개입하는지가 치료에 중요한 관건이 되므로 이는 매우 안타까운 일이다. 제대로 된 심리 평가와 치료 계획은 한 아이의 인생을 바꿀 수 있는 사안이므로 그 중요성을 결코 간과해서는 안 된다.

## 1) 평가의 영역

학습장애는 아동기부터 청소년기 사이에 발생하는 장애이기 때문에 어떤 아동이 학습장애가 있는지 평가하기 위해서는 그 연령의 아동이 일반적으로 보이는 언어, 신체, 의사소통 등의 발달 수준을 고려해야만 한다. 여기서는 아동의 심리 평가에서 일반적으로 평가하는 세부 영역을 간단히 소개하고자 한다. 이를 통해 보호자나 교사는 자녀 및 학생을 관찰할 때 관심을 갖고 보아야 할 영역에 대한 기준을 세울 수 있을 것이다.

### (1) 인지 발달

인지 발달에 대한 평가는 아동의 생각하는 능력, 계획하는 능력 그리고 개념 발달에서의 능력을 평가하는 것이다. 인지 발달을 평가하는 과제로는 색깔 이름 말하기, 신체 부위 이름 말하기, 숫자 세기, 공간개념 형성하기, 설명하기 등이 있다.

인지 기능은 학습에 직접적인 영향을 주기 때문에 인지 발달과 관련해서는 정확하고 철저한 평가가 중요하다.

## (2) 신체 발달

신체 발달은 소근육 운동과 대근육 운동을 평가함으로써
알 수 있다. 이것은 아동의 전반적인 신체 발달이 어떠한지
알아보기 위한 것으로, 신체 발달을 알아보기 위한 과제로는
공 잡기, 뛰기, 블록 쌓기, 종이 자르기, 모양 맞추기 등이 있
다. 이 영역에서는 아동의 시각과 청각의 예민성도 함께 평가
한다.

## (3) 의사소통 기술 발달

평가를 통해 말하기, 언어 기술과 언어 사용 그리고 이해
하기에 대한 능력을 알아볼 수 있다. 검사자는 아동이 말할
때 사용하는 단어를 보고 그 반응을 평가한다. 이것을 평가하
기 위해서 검사자가 불러주는 문장 혹은 수를 반복하여 외우
게 하거나 그림을 말로 묘사하게 하거나, 검사자가 하는 질문
에 대답하도록 요구한다. 이때 아동의 듣기 능력도 함께 평가
한다.

## (4) 사회성 발달과 정서 발달

아동의 사회성과 효과적인 상호작용의 평가는 검사자의 관

찰을 통해 이루어진다. 일반적인 관찰 사항은 아동이 어른 또는 또래 아이들과 관계를 형성하는 방법을 보는 것 등이다.

### (5) 적응 능력 발달

적응 능력 발달은 아동이 부모의 도움을 받지 않고 스스로 자기를 관리하는 기술self-help skill을 평가하는 영역이다. 여기에서는 혼자서 화장실 가는 기술, 옷 입는 기술, 먹는 기술, 부모에게서 분리될 수 있는 능력 등을 평가한다.

## 2) 1차 심리 평가

학습장애는 주의력결핍 과잉행동 장애, 학습부진, 학습지진과 비슷한 증상을 보인다. 따라서 행동 관찰만으로는 학습장애인지 아닌지를 정확하게 알아내기가 어렵다. 1차 심리 평가의 목적은 학업성취도의 저하가 어떤 이유 때문에 발생한 것인지 밝히고, 이를 통해 아동이 어떤 장애에 해당하는지 감별하는 것이다. 이를 위해서 지능 검사, 기초학습기능 검사 등을 비롯한 일반적인 심리검사와 부모 면담을 실시한다.

### (1) 지능 검사

지능 검사는 지적 능력의 전반적인 수준을 측정하기 위한 것이다. 지능 수준은 아동이 학습에서 어느 정도의 잠재력을 지니고 있는지 추정할 수 있는 지표로 이용되며, 여러 가지 지적 능력 중 강점과 취약점에 대한 정보를 제공한다. 이런 정보는 학습장애의 가능성을 밝히는 데 필요할 뿐만 아니라 이후에 이루어질 치료적 개입의 방향과 목표를 정하는 데도 매우 중요한 지표가 된다.

이런 정보를 얻기 위해서는 신뢰롭고 타당한 지능지수의 산출이 필요하다. 이를 위해서 충분한 훈련과 경험을 쌓은 전문가에게 표준화와 타당화 과정을 거친 지능 검사를 받아볼 수 있다. 현재 국내에는 수많은 지능 검사가 있지만 표준화되고 타당화된 지능 검사로 추천할 수 있는 아동용 지능 검사는 K-WISC-IV한국판 웩슬러 아동용 지능 검사, 만 6~15세다. 이 검사는 언어이해력, 지각추론 능력, 작업기억 능력, 처리속도에 대한 발달 수준을 알 수 있게 해주고, 이들을 종합한 전체 지능 점수를 제공한다. 모두 15가지 소검사가 있으며, 각 소검사별로 점수를 얻을 수 있다. K-WISC-IV에서 측정할 수 있는 4가지 하위 능력은 다음과 같다.

### ① 언어이해력

풍부한 초기 환경 조건이나 학교생활 및 문화적 경험으로 누적된 어휘력, 지식, 사고력, 수리 능력, 개념의 풍부성, 개

넘 형성, 언어 능력, 도덕 개념의 발달 수준 등을 측정한다.

② 지각추론 능력

추리력, 시각적 예민성, 시각적 구성력, 시각적 기억력, 의미를 이해하는 능력, 시각-운동 협응 능력, 지각 구성 능력, 공간지각 능력, 정신적 작업의 민첩성 등을 측정한다.

③ 작업기억 능력

단기기억과 작업기억 용량, 정신적 조작 능력 등을 측정한다.

④ 처리속도

단순한 과제에서의 시각-운동 협응 능력, 운동 속도, 주의집중력을 측정한다.

보통 거론되는 '지능IQ'은 전체 지능지수를 말하는 것이다. 모든 지능 검사는 평균이 100이고 표준편차는 15가 되도록 만들어져 있다. 이것의 의미는 아동의 지능지수가 100일 경우 그 아이가 같은 연령대의 우리나라 아동 중 평균의 위치에 있다는 것이며, 전체 아동의 대부분75%이 지능지수 85에서 115 사이에 속한다는 것이다. 물론 이 수치는 표준화된 개인 지능검사에서 사용하는 수치이고, 학교에서 흔히 실시하고 있는 집단 지능 검사는 규준에 문제가 있어 지능지수가 지나치게 높게 나오는 경향이 많아 신뢰하기 어렵다. 무엇보다도 집단 지능 검사는 단순한 지필검사 형식이기 때문에 지능을 타당하게 측정한다고 할 수 없다.

또 K-WISC-IV를 실시했다고 해서 그 결과가 반드시 신뢰롭고 타당하다고 할 수는 없다. 검사자의 기술이나 태도, 피검사자와의 관계 형성 등이 검사 수행에 영향을 주기 때문에 동일한 아동이라도 누구와 검사를 했는지에 따라 10~20점 정도의 큰 차이가 나기도 한다. 따라서 정식으로 수련을 받고 많은 경험을 쌓은 전문가에게 검사를 받아야 타당한 결과를 얻을 수 있다. 우리나라에서는 이런 전문가에게 보건복지부가 정신보건임상심리사 자격을, 한국심리학회가 임상심리전문가 자격을 주고 있다.

학습장애를 가진 아동의 지능 검사 결과가 보이는 특징은 4가지 하위 능력의 점수가 고르지 않고 편차가 크다는 점이다. 특정 인지 기능의 발달 수준이 다른 기능의 발달 수준에 비해서 현저히 떨어지기 때문에 한두 가지 하위 능력 점수가 다른 하위 능력 점수에 비해서 상당히 낮게 나온다. K-WISC-IV에서는 가장 점수가 높은 하위 능력 점수와 가장 낮은 하위 능력 점수 간의 차이가 23점이 넘으면 전체 지능지수를 의미 없는 것으로 보고 있다. 이 정도로 크게 점수 차이가 난다면 일단 뇌 기능 발달이 고르지 못하다는 것을 시사하며, 학습장애가 있을 가능성이 높다.

특히 학습장애가 있을 경우 작업기억의 점수가 다른 하위 능력의 점수보다 떨어질 가능성이 높다. 작업기억 점수가 낮다는 것은 청각적 정보를 저장하고 조작하는 작업기억의 용량이 작다는 것을 의미하며, 이럴 경우 읽기 이해의 어려움이 클 수밖에 없다. 또 작업기억 검사 과제는 숫자를 사용하는데, 숫자 정보를 다루기 어려워하는 산수장애 아동 역시 작업기억 점수가 낮게 나온다.

학습장애 아동은 처리속도에서도 점수가 낮게 나오는 경향이 있다. 처리속도는 주의집중력의 영향을 많이 받는다. 학습장애 아동의 절반 정도가 주의집중력에도 문제가 있기 때문에 처리속도 점수가 낮게 나올 수 있으며, 산수 장애에서도 처리속도 점수가 낮을 가능성이 높다.

학습장애 아동은 지능 검사에서 작업기억의 점수가 많이 떨어지는 대신 상대적으로 지각추론 능력의 점수는 높은 경향을 보인다. 지각추론 능력을 재는 소검사는 눈으로 보면서 답을 하도록 되어 있기 때문에 작업기억 용량이나 주의집중력의 제한에 영향을 덜 받기 때문이다.

## (2) 기초학습기능 검사

기초학습기능 검사는 아동의 학업성취도가 보통 수준에 비해 어느 정도 떨어지는지 알아보거나 특수 아동을 학습 배치할 때 어느 정도 수준의 집단에 들어가게 할 것인지 결정하기 위한 도구다. 그리고 조금 더 응용하여 아이를 교육하기 위한 구체적인 맞춤식 개별화 교육 계획안을 짜는 데도 사용할 수 있다.

기초학습기능 검사의 대상은 유치원에서 초등학교 6학년까지이고, 정보처리 기능과 언어적 기능 및 수 기능 등을 측정한다. 이 검사는 구체적으로 지각 과정, 관찰 능력, 조직 능력, 관계 능력, 수학적 지식, 읽기 능력, 문장 이해력, 철자 능력 등을 측정한다.

학습장애 아동은 기초학습기능 검사에서 또래 평균에 비해 1 표준편차 이상 낮은 점수를 보인다. 여러 검사에서 모두 점수가 낮게 나올 수도 있고 한 가지 소검사에서만 그럴 수도 있다.

K-WISC-IV에서 전체 지능이 IQ 70~75 이상이면서 한두 가지 하위 능력 점수가 떨어지고, 기초학습기능 검사에서 지능이 기대되는 수준보다 훨씬 낮은 점수를 보인다면 학습장애로 진단할 수 있다.

### (3) 주의력 검사

K-WISC-IV에서도 주의집중력을 평가하지만, 이 검사에서 평가하는 주의력은 비교적 단기간의 주의집중력을 의미한다. 그런데 학습장애와 유사한 양상을 보이는 주의력결핍 과잉행동장애는 단기간의 집중력이 영향을 받는다기보다는 장기간 지속해서 주의를 기울여야 할 때 주의력이 심하게 분산되는 양상을 보인다. 따라서 이를 확인하기 위해 주의력 검사를 실시하는 것이 학습장애와 주의력결핍 과잉행동장애를 구별하는 데 도움이 된다.

현재는 국내에도 몇 가지 주의력 검사가 개발되어 사용되고 있는데, 이것은 지속적 주의력, 선택적 주의력, 행동 억제 능력 등을 평가하며, 이와 관련된 신경 발달의 이상 가능성을 확인하는 데에도 도움이 된다.

대개 주의력결핍 과잉행동장애 아동은 주의력 검사 결과 정상에서 많이 이탈되는 수행을 보이지만, 학습장애 아동은 정상과 이상의 경계에 해당하는 수행을 보이는 경향이 있다.

### (4) 성격 검사 및 정서 평가

성격이나 정서를 평가하는 이유는 저조한 학업성취도가 우울이나 불안 혹은 대인관계에서의 어려움과 같은 이차적 요인에 기인하는 것인지, 아니면 학습장애로 인한 정서나 대인관계의 문제에 기인하는 것인지 확인하기 위해서다.

행동 관찰과 더불어 정서적인 문제를 살펴볼 수 있는 검사로는 HTP집-나무-사람 그림 검사, KFD가족화 검사, SCT문장완성 검사, Rorschach Test로르샤흐 검사, 잉크반점 검사 등이 있다. 이 검사들은 아동의 성격, 정서 발달 수준과 정서적 장애의 유무, 가족 구성원 간의 관계와 대인관계 양상을 밝히는 데 사용한다.

또한 보호자가 관찰한 것을 근거로 평가하는 K-CBCL한국판 아동행동 평가척도, KPRC한국 아동인성 평가척도도 사용할 수 있다. 하지만 보호자의 평가는 주관적인 관찰에 근거하기 때문에 점수가 왜곡되어 있을 가능성이 높다는 점을 고려해서 보조적으로만 이용하는 것이 바람직하다.

## (5) 부모 면담

1차 심리 평가에서는 부모 면담이 필수적이다. 아동에 대해 부모보다 잘 알고 있는 사람은 없다. 그러므로 부모 면담을 통해서 가족의 가계 안에 학습장애를 지닌 사람이 있는지, 임신 중 산모가 약물을 복용한 적이 있는지 혹은 심한 스트레스를 받거나 임신중독이 있었는지, 아이가 태어나서 자랄 때 특이한 반응을 보였는지, 아이의 발달 과정은 어떠했는지 등을 알 수 있다. 그리고 아동이 학습장애로 진단받으러 오기까지 보인 아동의 특징이나 반응 양식 등을 들을 수 있다.

이러한 면접을 통해서 우리는 아이에게 기질적 혹은 신경생리적 문제가 있는지 아니면 교육받는 환경에 문제가 있는지를 살펴볼 수 있다. 또한 아동의 성격이나 대인관계 역시 알아볼 수 있다.

무엇보다도 학습장애가 우선인지, 아니면 주의력 장애 때문에 학습 문제가 생긴 것인지 혹은 정서 문제로 인해 학습부진이 온 것인지 감별하려면 부모 면담을 통해서 병력을 자세히 살펴보아야 한다.

### 3) 2차 심리 평가

1차 심리 평가를 통해서 학습장애로 진단이 내려지면 다음 단계는 학습장애를 유발한 원인을 파악하고 치료적으로 어떻게 개입해야 할지 알기 위한 평가를 하게 된다. 이것이 2차 심리 평가다.

2차 심리 평가에서 사용하는 검사들은 세부적이고 특정적인 인지 능력을 하나 하나 평가하게 된다. 예를 들어, 읽기 장애가 있는 아동이라면 읽기 장애가 단어 수준에서 문제가 되는 것인지 글자 수준에서 문제가 되는 것인지 확인할 필요가 있다. 만일 글자를 읽는 것이 정상 수준의 아동에 비해서 뒤처졌다면, 특히 어떤 유형의 글자를 읽는 것이 어려운지

확인해야 한다. 이런 정보는 당연히 이 아동에게 어떤 개입
이 필요한지 결정할 수 있게 해준다.

우리나라에서는 최근 들어 읽기 및 이해와 관련된 2차 평
가 도구들이 개발되어 사용 중에 있다. 예를 들면, 조음 능력의
발달 수준을 검사하기 위한 U-TAP이라든지 어휘력 수준을
평가하기 위한 수용어휘력 검사나 표현어휘력 검사가 있다.
그리고 심리학의 실험 과제를 사용해서 만들어진 것도 많다.

1차 심리 평가를 실시하여 학습장애로 판명이 났다면 2차
심리 평가 도구를 사용해서 학습장애의 원인과 현재 수준을
정확히 평가하고 이를 바탕으로 학습장애를 교정하는 프로그
램을 설계 및 실행해야 한다.

## 4) 평가 기준

대부분의 심리검사가 그렇듯이 장애를 평가하는 데 절대적
인 기준은 있을 수 없지만, 흔히 사용하는 기준은 통계적 기준
과 전문가 기준이다.

통계적 기준은, 예를 들어 개인 지능검사에서 전체 지능이
IQ 70 이하2 표준편차 차이일 때 지적장애로 분류하는 것과 같이
표준화된 심리검사를 사용해서 평균으로부터 심하게 일탈되
어 있을 때 장애로 보는 것이다. 이런 통계적 기준은 특히 아

동·청소년기의 장애를 평가하는 데 중요하다. 아동·청소
년기는 지적으로나 정서적으로 계속해서 발달하고 있는 시기
이기 때문에 연령에 따라 기대수준이 달라진다. 가령, 중학교
3학년이 영어책을 못 읽는다면 심각한 문제가 되겠지만, 초등
학교 3학년은 영어책을 못 읽어도 문제될 것이 없다.

이처럼 장애로 볼 수 있는지 아닌지의 여부를 알기 위해서
는 그 연령대의 아이들이 보통 어느 정도의 발달 수준을 보이
는지 알고, 이를 기준으로 얼마나 뒤처져있는지를 확인하는
과정이 중요하다. 학습장애의 평가도 동일한 연령, 비슷한 지
능수준을 지닌 아이들과 비교해서 읽기, 이해, 쓰기, 산수 등
학습 기능이 통계적으로 현저한 차이를 보일 때 학습장애라고
할 수 있는 것이다.

흔히 쓰이는 또 하나의 기준은 전문가 기준이다. 가령, 지적
장애를 진단할 때 전체 지능이 IQ 70이면 지적장애고 IQ 71이
면 지적장애가 아니라고 말할 수는 없다. 어떤 검사 결과든 검
사자의 기술과 경험, 피검사자의 기분, 상태, 태도, 검사 동
기, 환경 등 여러 가지 이유로 인해 약간의 오류는 있기 마련
이다. 예를 들어, 지능 검사에서 지능지수가 67이 나왔다고 해
도 자기를 돌보는 기술이 잘 발달해있고 또래 관계도 괜찮은
편이라면 지적장애가 아닌 경계선 지능이라고 진단할 수 있으
며, 반대로 지능지수가 75라도 학교나 또래 관계에서 적응을

못하고 자기를 돌보는 능력이 현저히 부족하다면 지적장애라고 진단할 수 있다. 이는 전문가들의 오랜 경험과 지식에 근거해서 내리는 판단이다. 이런 판단은 검사를 사용할 때 발생할 수 있는 오류를 보완하는 역할을 한다. 학습장애의 진단에서도 전문가 기준은 중요한 역할을 한다.

앞서도 몇 차례 언급했지만, 학습장애의 평가 기준을 정리하면 다음과 같다.

- 학교에서 같은 학년 아이들에 비해 학업성취도가 현저히 <sub>대개는 1.5 표준편차 이상</sub> 낮다.
- 개인 지능검사 결과는 전체 지능지수가 70 이상이고, 학업성취도는 지능 수준에 비해서 낮다.
- 주의집중력 검사에서는 주의집중력이 정상 범위이거나 경계선 수준이다. 주의집중력이 정상 범위를 현저히 벗어났다면, 학업성취도 저하가 주의집중력 결핍에 의한 것인지 학습장애로 인한 것인지, 아니면 이 2가지 장애가 동시에 있는지 확인해야 한다.
- 정서적인 어려움은 1차적인 원인이 아닌 부진한 학습의 결과에 따른 것이다. ◆

# 학습장애를 어떻게
# 치료할 것인가

**4**

# 1. 조기발견과 훈련의 중요성

너무나 당연한 이야기지만, 뇌의 기능 발달과도 연관된 학습장애는 언제 발견해서 치료하는가 하는 것이 굉장히 중요하다. 아이의 학습에서의 어려움이 너무 커지고 다른 아이들과의 격차가 너무 벌어지기 전에, 또 아이가 배우는 것을 두려워하고 싫어하게 되기 전에 도움을 주는 것이 필요하다. 또한 학교에서 또래 아이들과 관계를 맺는 것에 어려움이 생기기 전에 도움을 준다면 아이가 친구들과 어울리는 데서 갖는 어려움이 줄어들 것이다.

학습장애를 조기에 발견하여 치료를 마치기 위해서는 부모의 관심과 사랑이 기반이 되어야 한다. 더욱이 학습장애의 교정에는 많은 시간과 노력이 든다. 따라서 부모의 끈기와 노력이 절실히 필요하다.

## 1) 조기개입의 이점

아동에게 학업과 관련된 문제가 있다는 것을 일찍 깨닫게 되면 후에 아이가 겪을 학업 실패를 예방하고 감소시킬 수 있다.

부모나 교사는 학습장애 아동이 보이는 특징을 잘 알고 있어야만 조기개입을 위한 조기발견을 할 수 있다. 앞에서 설명한 학습장애를 지닌 아동이 보여주는 대표적인 특징을 요약해 보면 다음과 같다.

- 언어 발달이 또래에 비해서 늦다.
- 발음이 정확하지 않거나 말을 잘못 알아들을 때가 많다.
- 틀린 어휘나 엉뚱한 표현을 사용하는 일도 많다.
- 글자를 배우거나 다른 것을 배울 때 또래에 비해서 속도가 느리고 더 많이 반복해야 한다.
- 받아쓰기에서 많이 틀린다.
- 글을 이해하는 능력이 부족하고 쓰기나 말하기를 할 때 두서가 없다.

조기개입이 주는 이점은 다음과 같다.

첫째, 조기개입은 장애를 가진 아동을 더 빠르게 더 효과적으로 도울 수 있다. 학습장애는 특정한 하나의 영역에서만 어

려움을 지니는 것이 아니다. 앞에서도 강조했듯이 학습장애
는 시간이 흐르면 흐를수록 삶의 전 범위에 걸쳐 파괴적인 영
향을 준다. 따라서 더 큰 어려움에 부딪치기 전에 아이가 어려
워하는 부분을 빨리 도와주어서 정상적인 수준으로 행동하고
생활할 수 있게 만들려면 조기개입이 필수적이다.

조기에 치료를 받으면 많은 문제 상태가 완화될 수 있고 어
떤 장애는 넓은 범위에서 극복될 수도 있으며, 아동은 더 나은
삶을 살기 위한 관리를 받을 수 있다. 쓰기 장애가 있는 아이
의 경우를 생각해보자. 가장 좋은 치료는 아이 스스로 글을 쓰
도록 하는 것이다. 그러나 아이가 운동신경에 문제가 있어서
연필 쥐는 것을 어려워한다면 그 대안으로 컴퓨터의 문자 자
판을 가르쳐서 쓰기 장애를 극복하도록 도울 수 있다.

둘째, 조기에 개입하면 원래의 어려움으로 인해 나타나는
2차적인 문제의 발생을 피할 수 있다. 이런 2차적인 문제의 대
표적인 예는 우울, 게임 중독, 비행 문제 등이다. 저조한 학업
성취로 인해서 자기를 비하하는 마음이 들거나 자기를 무가치
하게 느끼게 되어 우울 상태에 빠질 수 있으며, 여기서 벗어나
기 위해 게임에 매달리거나 비행 집단과 어울리게 될 확률이
높다. 조기에 학습장애를 발견하고 치료하는 것은 이러한 2차
적인 문제를 예방할 수 있다는 측면에서도 효과적이라고 할
수 있다.

셋째, 조기개입은 가족에게 이익을 준다. 가족 가운데 학습장애를 가진 아동이 있으면 그 가족구성원 역시 스트레스를 받게 될 뿐만 아니라 가족 간의 분쟁이 잦아지고 서로 힘들어하게 된다. 따라서 학습장애를 빨리 치료하게 되면 가족구성원이 받는 스트레스는 줄어들 수 있다. 또한 학습장애가 가족환경의 영향을 받아 일어난 경우에는 가족을 중심으로 치료를 시작함으로써 그것을 예방할 수 있다. 이때 학습장애를 지닌 아동은 문제 아동이 아닌 역기능적인 가족의 한 부분으로 간주된다.

이러한 경우가 아니더라도 학습장애를 가진 아동이 있는 가족은 많은 스트레스를 받게 된다. 따라서 학습장애 아동을

 **조기개입의 이득**

- 아동의 지능을 향상시키는 계기가 될 수 있다.
- 모든 발달 영역(신체, 인지, 언어와 말하기, 심리 및 자조 기술 발달)에서 실질적인 이익을 촉진한다.
- 2차 장애를 예방하거나 막는다.
- 가족의 스트레스를 줄인다.
- 아동의 의존성을 줄인다.
- 학교에 들어가서 받게 될 특수교육의 필요성을 줄인다.
- 학습장애 아동을 교육하고 치료하는 데 드는 비용을 줄인다.

치료하면서 동시에 가족에게도 치료적 도움을 주어야 한다. 가족 중심으로 치료를 할 경우에 부모는 아이를 이해하게 되며, 또한 치료 방법의 연장으로서 가족이 아동에게 도움을 줄 수도 있다.

특히 치료 과정에서 중요한 것은 부모가 치료적인 방법을 알게 되면 학습장애를 지닌 아동을 잘 교육할 수 있게 되고, 또 아이와 대화 등의 상호작용이 잘 이루어져 가족 간의 갈등을 줄일 수 있다는 점이다.

## 2) 조기개입 교육과정의 구성 요소

학습장애를 지닌 미취학 아동에게는 많은 영역에서 격려를 해주고 꾸준한 연습을 하게 하는 지지적인 교육과정이 필요하다. 이런 교육과정은 아이가 어려워하는 부분을 훈련시킴으로써 아이가 다른 아이들처럼 할 수 있게 교육하는 것을 골자로 한다. 다양한 구성 요소에 대한 훈련을 하다 보면 각 구성 요소에서 얻을 수 있는 능력을 습득하게 된다.

### (1) 대근육 운동 활동

대근육 운동 활동은 특히 쓰기 장애를 가진 아동에게 반드시 필요한 개념이다. 쓰기 장애 아동은 연필을 잘 쥐지 못하

> **🔑 학습장애 조기개입 과정의 구성**
>
> - 자조 기술을 가르친다.
> - 대근육 운동 활동을 많이 한다.
> - 소근육 운동 능력을 키우도록 도와준다.
> - 소리를 듣고 구분하는 연습을 하게 한다.
> - 시각 변별력을 향상시킨다.
> - 의사소통 기술을 가르친다.
> - 분류하기, 비교하기와 같은 인지적 활동을 한다.
> - 사교 기술을 가르친다.

거나 이상하게 쥐고, 글을 쓸 때 팔에 힘이 들어가지 않아서 못 쓰는 경향이 있다. 이런 경우에는 운동을 시켜서 더 수월하게 수행할 수 있도록 도와주어야 한다.

이와 같은 대근육 운동 기술은 팔, 다리, 몸통, 손과 발을 움직이기 위해 필요한 대근육의 사용을 요구한다. 이러한 운동 기술을 발달시키는 데 도움을 주는 활동으로는 걷기, 기기, 오르기, 뛰기, 던지기, 구르기 등이 있다.

### (2) 소근육 운동 활동

팔, 다리, 발 전체를 움직이는 것이 잘 되면 이제는 정교하고 세밀한 운동을 배워야 한다. 이런 세밀한 운동 활동은 몸

전체를 사용하는 것이 아니라 눈-손의 협응 그리고 두 손끼리의 협응, 나아가 손가락과 손목을 움직이는 것을 말한다. 이런 세밀하고 정교한 운동은 정상적으로 쓰기 활동을 하는 데 많은 도움을 준다. 이러한 능력을 키우는 운동으로는 퍼즐, 구슬 꿰기, 손가락을 사용하여 하는 게임, 젓가락질, 자르기, 그리기, 단추 채우기, 끈 묶기 등이 있다.

### (3) 소리 활동과 음운 자각 형성

읽기의 가장 기본적인 기술은 단어의 소리를 자각하는 것이다. 소리를 자각하기 위해서는 들은 소리에 대한 청각 확인 연습을 해야 하고, 소리를 청각적으로 구별하는 법 그리고 들은 소리를 청각적으로 기억하는 법을 배워야 한다. 학습장애 아동도 배울 수 있다는 것을 기억하는 것이 중요하다. 소리를 자각하도록 도움을 주는 활동으로는 단어 게임, 끝말잇기, 단어 기억 게임 등이 있다.

### (4) 시각적 활동

읽거나 쓰는 데 어려움을 지닌 아이 중에는 모양이 비슷한 자음 및 모음을 구별하지 못해 잘 읽거나 쓰지 못하는 경우도 있다. 이런 단점을 보완하려면 시각적인 문제 역시 다루어주어야 한다. 시각적인 면에서 도움을 주어야 할 부분은 시각변

별, 시각기억 그리고 시각-운동 협응이다. 이런 부분에 도움을 주는 활동으로는 그림이나 모양 또는 글자를 보고 차이점과 유사성을 찾아내는 것 그리고 숨은그림찾기 등이 있다.

### (5) 작업기억

학습장애 아동은 작업기억 용량이 또래에 비해 작은 경우가 많다. 다른 인지적 기능은 훈련을 통해서 향상시키기가 어렵지만 작업기억은 잘 고안된 훈련을 통해 용량을 확장하는 것이 가능하다. 작업기억이 주의집중력, 문제해결력, 계획력, 이해력 등 다양한 인지 기능에 영향을 주기 때문에 작업기억의 용량을 늘리는 훈련은 학습장애의 치료나 주의력결핍 과잉행동장애의 치료에서 매우 중요하다. 작업기억 용량을 늘려 주기 위한 활동으로는 같은 카드 찾기, 단어를 기억하면서 질문에 답하기 등이 있다.

## 3) 의사소통과 언어 활동

듣기와 말하기에서 어려움을 갖는 경우에 아동은 자신의 생각을 표현하고 전달하는 데 곤란을 겪는다. 자신의 생각을 표현하기 위해서는 말이나 글이 필요하다. 그러므로 이러한 아동에게는 의사소통을 위한 언어를 사용할 수 있게 지도해야 한다. 이러한 능력은 듣기와 말하기를 모두 포함한다. 다시 말해서, 다른 사람의 얘기를 듣고 그 내용을 이해하며, 자신의 생각을 말해야 하는 과정이 다 포함되어 있는 것이다. 이러한 언어 활동을 할 수 있게 하는 능력에는 다른 사람이 하는 말을 이해하기, 타인의 지시에 반응하기, 의사소통 시작하기, 설명하기 그리고 대화를 지속할 수 있는 능력 등이 포함된다. 의사소통 능력을 향상시키기 위한 활동으로는 소꿉놀이, 역할극, 인형이나 모형을 이용한 놀이 방법 등을 활용할 수 있다.

### (1) 인지 활동

학습장애 아동은 머릿속으로 구조화하는 것에 어려움을 보인다. 예를 들어, 동물이 포유류나 양서류 등으로 나뉜다는 것을 잘 이해하지 못하기 때문에 이들이 사고 기술을 훈련하기 위해서는 관련성과 차이점 배우기, 분류하기, 비교하기, 문제 풀기 같은 활동을 하는 것이 도움이 된다.

### (2) 자조 기술과 자기개념

학습장애 아동은 자신이 학습 수행을 잘 해내지 못하는 것에 대해 부끄러워하게 되고, 또 친구들에게 놀림을 당하기 때문에 자기존중감이 낮아지게 된다. 그래서 학습장애 아동을 치료할 때는 우선 자기 자신을 긍정적으로 보는 시각을 길러

주어야 한다.

심리적으로 긍정적 자기개념과 독립심을 발달시키려면 자조 기술을 발달시켜야 한다. 자조 기술에는 혼자서 옷을 입고 스스로 밥을 먹거나 씻는 일부터 시작하여, 혼자 심부름을 다녀오는 것 등이 해당한다. 자기 혼자 무언가를 해냈을 때의 성취감은 자신을 긍정적으로 보는 계기를 만들어준다는 점에서도 의의가 있다.


### (3) 사회 활동

학습장애 아동은 또래에게 놀림을 받고 부모나 교사에게도 항상 꾸중을 들었기 때문에 적절한 대인관계를 유지하지 못한다. 그래서 놀리는 아이들을 피해 혼자서 놀거나 인형을 가지고 노는 일이 흔하고, 어른들 앞에서는 주눅이 들어서 제대로 말도 하지 못하는 모습을 보인다.

따라서 학습장애 아동에게는 특정한 상황에서 적절하게 행동하기 위한 사회적 기술을 가르치는 것이 중요하다. 사회적 기술을 발달시키는 데 도움을 주는 활동은 놀이다. 놀이를 하는 과정에서 어른이나 다른 아이들과 함께 나이에 적합한 관계를 맺도록 해야 하며, 서로 사이좋게 지내고 상호작용하는 것을 익힐 수 있도록 도와주어야 한다.

이러한 놀이로는 역할극과 사회극이 주로 이용된다. 역할

극을 통해서 다양한 역할을 수행해보고 다양한 입장과 시각에
서의 경험을 해보는 것은 사회적 기술을 배우는 데 매우 효과
적이다. ◆

# 2. 심리적 접근

학습장애를 지닌 아동에게 심리적으로 접근하는 방법은 크게 2가지로 나누어 살펴볼 수 있다. 하나는 학습을 위한 인지적 기능의 발달을 도와주고 학습 기술을 가르치는 것이며, 또하나는 아이에게 심리적인 안정과 지지를 제공하는 것이다.

## 1) 인지 및 학습 기술 훈련

학습장애 아동의 지연된 인지적 기능 발달을 촉진하고 필요한 학습 기술을 가르칠 때 고려해야 할 사항은 다음과 같다.

• **맞춤형 개별화 프로그램을 고안해서 실시한다**
학습장애는 아이마다 보이는 양상이 다르고 또 연령대마다 요구되는 학습 기술이 다르기 때문에 획일적인 프로그램을 실시하는 것은 효과적이지 않다. 따라서 발달을 촉진해야 할 인지 기능이 어떤 것이고 현재는 어떤 수준인지 파악한 후, 그에 맞춰서 치료 시간에 다룰 내용과 접근 방법을 결정해야 한다. 여러 영역에서 발달이 지연되어 있다면 그중 핵심 역할을 할 수 있는 인지 기능이 무엇인지 판단해서 한두 가지 기능에 집중하는 것이 좋다.

### • 연령과 학년을 고려한다

교과과정에서 요구하는 학습 기능은 아이의 연령과 학년에 따라 다르다. 학령 전 아동이라면 대개는 구어의 표현력과 이해력을 집중적으로 다루고, 초등학교 저학년에서는 읽기, 독해, 쓰기, 산수를 중심으로 치료적 접근을 계획한다. 또한 초등학교 고학년은 기초학습기능에서 부족한 영역을 보완하고 작업기억력을 향상시키는 것이 초점이 될 것이며, 중학생 이상이라면 학습방략과 기억방략이 치료의 중심이 될 수 있다.

치료적 접근에서도 유아에게는 놀이를 주된 방법으로 사용해야 하고, 초등학교 저학년에게는 놀이와 훈련을 섞어서 쓰는 것이 좋다. 초등학교 고학년 이상이라면 훈련을 집중적으로 하고, 중학생 이상은 개인보다 집단 프로그램을 사용하는 것이 효과적일 수 있다.

• 성공 체험을 많이 할 수 있도록 한다

학습장애 아동은 자신감이나 자존감이 저하되어 있는 경우가 많으므로 치료 시간에 성공 체험을 하면서 자신감과 자존감을 회복할 수 있도록 해야 한다. 자신감이 생겨야 더 어려운 과제에 도전하고 치료를 장기간 지속할 수 있다.

성공 체험을 많이 하려면 치료 프로그램을 아이의 능력 수준에 맞춰서 고안해야 한다. 그렇다고 너무 쉬운 것만 해서는 자신감 회복에 별 도움이 되지 않는다. 아이가 노력하고 집중해야만 성공할 수 있을 정도의 난이도를 가진 과제를 사용하는 것이 자신감을 회복하는 데 도움이 된다. 이때 과제는 치료사가 판단하기에 현재 아동의 능력 수준에서 성공 확률이 80% 정도 되는 것이 적절하다. 아이가 보기에는 좀 어렵지만 치료사의 도움 혹은 힌트가 있거나 끈기를 가지고 하면 성취할 수 있는 과제를 주어서 '어려웠지만 해냈다'는 생각을 갖게 한다.

치료 시간에 이러한 성공 체험을 여러 번 할 수 있도록 어려운 과제를 작은 단위로 쪼개어 단계별로 실시하는 것도 좋은 방법이다.

• 아이가 지닌 강점을 강화하는 데 주력한다

학습장애 아동을 치료할 때 아이가 부족한 점에만 초점을 맞춰서 치료 시간 내내 힘든 경험을 하게 만드는 것은 가장 크게 실수하는 것이다. 그렇지 않아도 자신감이 부족하고 끈기가 부족한 아이에게 그러한 경험은 피하고 싶은 일이 될 것이다.

학습장애 아동은 분명히 다른 영역에서는 잘하는 것이 있다. 따라서 부족한 부분에서 자신감을 얻는 것은 쉬운 일이 아니므로 자신이 잘하는 것을 뽐내면서 자신감을 회복하고 치료에 대한 동기를 유지하게 해야 한다. 그리고 아이가 지닌 강점을 더 발전시킬 수 있도록 도와주는 것도 치료사가 해야 할 일이다. 결국 아이가 현실에서 성공하려면 부족한 능력이 아닌 잘하는 것에서 길을 찾아야 한다는 점을 잊어서는 안 된다.

최소한 치료 시간의 절반 정도에는 아이가 잘하는 능력을 발휘하고 더 개발할 수 있는 내용을 프로그램에 넣어야 한다. 아이는 자신의 강점을 활용하는 도전을 즐기고 이를 통해 신나는 경험을 할 것이다. 자신이 또래에 비해서 잘하는 것이 있다는 것을 알고, 그것을 확인할 수 있을 때 부족한 부분이 주는 영향은 감소한다.

강점을 개발하기 위한 내용은 치료 시간의 후반부에 배치하는 것이 좋다. 그러면 아이는 전반부의 훈련을 빨리 마치기 위해 더 노력하게 되며 즐거운 기분으로 치료 시간을 마침으로써 치료에 대한 동기를 향상시킬 수 있기 때문이다.

• 강점을 활용해서 지연된 기능의 발달을 도와준다

지연된 인지 기능의 발달을 촉진하기 위한 부분에 있어서도 강점을 활용하는 것이 아이의 흥미 및 성공 가능성을 높여준다. 예를 들어, 시각 정보를 다루는 지각추론 능력이 뛰어나지만 언어이해력이 떨어지는 아이라면 그림이나 모래놀이치료에서 사용하는 모형을 이용하여 이해력 향상을 도와줄 수 있다. 과학적 상식에 관심이 많은 아이라면 과학 문제를 사용해서 산수 능력을 향상시키는 연습을 하도록 할 수 있다.

## 2) 정서적 개입

학습장애 아동은 전반적으로 실패와 꾸중 속에서 살기 때문에 자신감이 없고 자신을 스스로 높이는 자존감 또한 낮다. 그러므로 이러한 아이의 마음을 다룰 때에는 자신감과 자존감을 높여주는 방법을 사용하는 것이 가장 좋다. 그렇게 하려면 아이가 쉽게 성취할 수 있는 과제에서 시작하여 아이의 자신감을 키워주는 것이 첫 단계라고 할 수 있다.

그리고 실패는 자신의 잘못이 아닌 자신의 능력을 제대로 활용하지 못했기 때문에 나타나는 것이라는 사실을 깨닫게 해주는 것도 중요하다. 아이가 배우는 것에 대한 자신감을 갖게 되면 치료의 진전 속도가 빨라지는 것은 당연한 일이다. 그러므로 아이에게 학습의 기술을 가르치고 훈련시키는 것도 중요하지만, 아이가 배우려는 동기를 가질 수 있도록 격려하는 것도 기술 못지않게 중요하다. ◆

# 3. 효과적인 학습 지도

학습장애를 지닌 아동도 배울 수 있으므로 그 아동에게 적합한 방법을 사용한다면 학습 동기를 높이고 학업성취를 경험하도록 도울 수 있을 것이다.

학습장애 아동에게 무엇인가를 가르치기 위해서는 다음의 원칙을 꼭 명심하여야 한다.

- 학생의 장점을 이용한다.
- 짧은 문장과 단순한 어휘를 사용한다.
- 자존감을 증진시키는 지지적인 분위기 속에서 성공 확률을 높일 수 있는 기회를 제공한다.

물론, 아이를 교육하는 방법은 무수히 많다. 이미 알려진 교수법을 사용해도 좋고, 부모나 교사가 창의적인 교수방법을 사용하는 것도 괜찮다. 그러나 어떠한 경우라도 사용하고자 하는 교수법이 앞서의 3가지 원칙과 일치하는지를 항상 염두에 두어야 한다.

## 1) 교육환경과 아동의 동기 다루기

학습장애 아동의 치료가 꼭 치료실에서만 이루어지는 것은 아니다. 치료는 가정, 학교, 치료실 그리고 이 세 장소에서의 상호작용을 통해 가능하다. 여기서는 Lerner(1997)가 제안한 교육환경과 아동의 동기를 다루는 치료 지침을 소개한다. 여기서 언급하는 것은 기본적인 틀이므로 꼭 똑같이 따라야만 하는 것은 아니다.

### (1) 교육환경의 조절

아이는 다양한 장소와 환경에서 생활하며, 그 모든 장면에서 치료에 도움이 되는 환경을 조성해야 한다. 여기에서는 아동이 생활하는 학교 및 학습과 관련된 환경에 한정해서 설명하고자 한다.

**숙제 도와주기**

- 자녀에게 숙제가 재미있다는 것을 보여준다. 자녀가 두 단어 이상의 긴 대답을 할 수 있도록 유도한다.
- 숙제를 시작하기 전에 숙제에 필요한 준비물을 챙길 수 있게 도와준다.
- 자녀가 숙제하는 것을 질질 끌지 않도록 숙제할 시간을 적절히 제공해야 한다.
- 숙제는 밝고 조용한 곳에서 그리고 정해진 특별한 장소에서 하도록 한다.
- 자녀가 질문을 하거나 답을 찾을 수 있게 격려하고, 정답을 세어 보는 시간을 만들어준다.
- 숙제한 것을 보상한다. 예를 들면, 숙제를 잘한 경우에 좋아하는 음식을 주거나 좋아하는 장남감을 가지고 놀 수 있도록 보상해준다.
- 자녀가 공부하는 동안 부모도 함께 책이나 신문을 읽고 글을 쓴다.

① 난이도

교육 자료의 난이도는 아동의 현재 수행 수준과 집중력에 맞추어 조절해야 한다. 아이의 읽기 능력은 초등학교 1학년 수준인데 아이가 4학년이라고 해서 성적을 올리기 위해 4학년 수준의 교육 자료를 사용하는 것은 바람직하지 않다. 또한 아이의 집중 능력도 고려해야 한다. 책의 수준만 맞추어 놓고

아이의 흥미를 불러일으키지 못하는 자료를 사용한다면 교육
효과는 적을 것이다. 따라서 아이의 수준에 맞는 책을 고르거
나 처음에는 아이가 흥미를 가질 수 있도록 그림이 많은 책으
로 시작하는 것이 좋다.

② 공간

아이가 배울 수 있는 공간을 만들어주는 일도 중요하다. 학
습 공간은 아이의 주의가 산만해지지 않도록 조성하는 것이
중요하다. 예를 들면, 칸막이가 있고 아이 혼자 쓰는 방이 좋
으며, 방은 밝고 조용해야 한다. 아이의 방에는 주의를 흐트러
뜨릴 만한 물건이 없어야 하고, 책상 위는 깨끗해야 한다. 그
리고 노는 공간과 공부하는 공간을 구별해주면 한 가지에 집
중하기가 더 쉬워진다.

③ 시간

학습장애를 가진 아동은 주의력도 결핍된 경우가 많으므로
주의력이 부족한 아동에게는 짧은 시간에 끝낼 수 있도록 하
나의 과제를 여러 개의 작은 부분으로 나누어주어야 한다. 또
한 해야 할 활동의 종류를 다양하게 갖추어 자주 바꿔주어야
한다. 하나의 활동을 마치고 다른 활동으로 넘어가기 전에 짧
게 재미있는 활동이나 놀이를 하도록 하면 좋다.

④ 언어

학습장애를 지닌 아동은 어른들에게 혼난 경험이 많기 때문에 어른의 말에 기가 죽거나 움츠러들기 쉽다. 그러므로 이러한 아이에게 말을 할 때는 다음과 같이 지시하는 것이 좋다.

- 지시는 쉽게 하고 쉬운 단어를 사용한다.
- 하고자 하는 이야기의 요점만 표현한다.
- 아동과 눈을 맞추며 이야기한다.
- 말하고자 하는 내용은 천천히 또박또박 이야기한다.
- 말하기 전이나 말을 하는 도중에 아동의 머리 혹은 어깨를 가볍고 부드럽게 쓰다듬어준다.

## (2) 자존감과 동기의 형성

학습장애를 가진 아동은 자신의 잠재적인 능력에 못 미치는 학업 성적 때문에 자신감과 자존감이 상당히 저하되어있다. 낮은 성적 때문에 저하된 동기는 학습장애를 치료하는 데 커다란 걸림돌이 된다. 그러므로 실패를 자주 경험해온 학생의 동기를 불러일으키는 일은 중요하고도 어려운 일이다.

건강한 자기개념과 자존감을 형성하게 하고 학습에 흥미를 갖도록 하는 것은 부모와 교사의 몫이다.

아동의 자존감과 동기를 높여주기 위해서는 라포 형성, 책임의 공유, 치료 과정의 구조화, 정직성, 성공 경험, 흥미 제공 등이 필요하며, 이것을 적절하게 조절해야 한다.

### ① 라포 형성

라포라는 말은 지나치게 개입하지 않는 연민, 방종을 허용하지 않는 이해심, 아동의 발달에 대한 진실한 관심 등으로 설명할 수 있다.

다시 말하면, 부모나 교사가 아이의 입장을 이해하고 아이의 어려움을 알아주는 것이다. 아이에게 '내가 너의 아픔과 고통을 진심으로 이해하고 있다'는 것을 말과 행동으로 표현해서 느끼게 하는 것이 중요하다. 그러나 아이를 이해하고 아이의 어려움을 안다고 해서 '참 불쌍한 아이'라고 여겨 모든 것을 허용해서는 안 된다.

### ② 책임의 공유

"아직은 어려서 아무것도 모르니까" 혹은 "쟤가 뭘 할 수 있겠어?" 하며 학습장애를 가진 아동을 소외시키고 부모와 교사만이 아이의 문제와 치료 계획에 참여한다는 것은 반쪽짜리 치료일 뿐이다. 아동은 자신의 문제를 분석하고 자신의 수행을 평가하는 데 같이 참여해야 한다. 자신의 상태와 치료 계획을 알아야 스스로 어려움을 극복해보겠다는 의지나 힘이 생겨

나기 때문이다.

### ③ 치료 과정의 구조화

학습장애 아동을 치료함에 있어서 치료 과정은 구조적이고 체계적으로 만들어야 한다. 더욱 중요한 것은 아동을 치료하는 데에는 항상 일관성이 있어야 한다는 것이다. 학교와 가정에서 일관성이 없다면 아이는 혼란에 빠지게 될 것이다. 이러한 이유로 교사와의 협조가 중요시되는 것이다.

### ④ 정직성(진실성)

아동을 대할 때는 항상 진실해야 한다. 아동이 틀렸을 때에도 "잘한다"라고 말하기보다는 아동의 불안을 줄여주는 방법으로 "많은 아이가 너와 비슷한 어려움을 겪고 있단다"라고 말해주는 것이 좋다. 그리고 덧붙여 "우리가 함께 노력하면 그 문제를 극복하는 방법을 찾을 수 있을 거야"라는 말로 치료사의 자신감을 전달하면 아이도 조금씩 자신감을 회복할 수 있을 것이다.

### ⑤ 성공 경험

학습장애 아동은 성공한 경험보다 실패한 경험이 더 많을 것이다. 따라서 동기를 부여해주기 위해서 성공이 얼마나 기쁜 것인지 경험할 수 있도록 해주어야 한다. 그렇게 하기 위해서는 아동이 성공을 경험할 수 있도록 수업 내용과 자료를 선택하고 고안해야 한다. 더 나아가서 잘했을 때 칭찬과 보상을 제공하고, 도표 등을 이용해서 발전 상황을 시각화해주면 자신의 발전 상황을 눈으로 직접 확인하여 성공의 기쁨을 경험할 수 있게 된다. 그리고 이를 통해 더 어렵고 더 다양한 것에도 힘들어하거나 두려워하지 않고 도전할 수 있게 된다.

### ⑥ 흥미 제공

아동이 흥미를 갖고 있는 영역과 관련된 자료를 제공한다. 예를 들어, 연예인을 좋아하는 아동이라면 아이가 좋아하는 스타의 기사를 가지고 함께 읽어 보고 써 보는 것이 그냥 교과서를 보는 것보다 더 효과적일 것이다. TV 스타에 대한 기사뿐만 아니라 스포츠 스타를 다룬 기사, 동화책이나 위인전 등의 다양한 자료 역시 이용할 수 있다.

### 2) 직접적 지시

그러면 어떻게 가르쳐야 효과적으로 아동의 어려움을 제거해줄 수 있을까? 성공의 기회를 많이 주고, 잘 수행했을 때나 잘 수행하지 못했을 때나 즉각적인 교정 피드백을 수는 것이 좋다. 그리고 지시를 할 때에는 아동이 쓸 수 있는 낮은 수준의 인지적 기술이 필요한 일을 지시한다. 직접적 지시의 지침을 살펴보자.

### (1) 칭찬과 관리

아동이 우연히 행동했든지 의도적으로 행동했든지 그 행동이 적절하게 이루어졌다면 아이에게 즉각적으로 칭찬을 해주어야 한다. 계속 강조하듯이, 학습장애 아동에게는 성공의 기회를 더 많이 주어야 한다. 그리고 성공한 일에 대해 칭찬을 하면서 아이에게 자신감을 심어주어야 한다. 아동의 잘못된 행동에 대해서만 주의를 주거나 혼을 내면 오히려 잘못된 행동이 증가하는 경우가 많다.

### (2) 주의와 지지적인 분위기

학습장애 아동은 교사의 주의와 충분한 도움이 필요하다. 이들은 대부분 이전부터 교사에게 많이 혼나면서 지내왔을 것이다. 게다가 주의력마저 부족한 아이라면 수업 분위기를 흐린다고 하여 더 많이 혼이 났을 것이다. 누군가가 자신에게 관심을 가져 주는 것은 참 좋은 일이다. 교사나 부모의 따뜻한 관심과 사랑은 아이에게 '나도 사랑받을 수 있구나' 하는 안정감과 심리적인 편안함을 제공한다.

### (3) 대답할 시간을 충분히 주기

또한 질문에 대답하거나 의견을 발표할 기회를 자주 주어야 한다. 학습장애 아동 중에는 말을 잘 하지 못하는 경우도 있고 생각을 말로 표현하는 것이 어려운 경우도 있다. 이런 아이는 종종 자신의 생각을 말로 표현하려고 할 때 다른 아이들에게 심한 놀림을 받으며, 이로 인해 다른 사람들 앞에서 말하는 것을 두려워하게 된다. 이러한 두려움을 없앨 수 있는 방법은 자주 접해보는 것밖에는 없다. 좀 느리고 어눌하더라도 아이가 말을 다 끝마칠 때까지 아이의 얘기를 잘 들어주면 아이는 자신감을 얻게 될 것이다.

### (4) 아동이 주도하는 활동과 고차 수준의 인지적 학습

학습장애 아동은 인지 능력이 낮다. 그래서 치료사나 교사는 치료 과정 및 수업 과정에서 아동의 인지 능력을 키우기 위해 많은 시도를 하게 된다. 그러나 학교 수업은 대부분 글 이해, 산수, 문제해결, 창조적 활동 등에 필요한 고차적 인지 기술을 증진시키기 위한 목적으로 교사가 주도하고 통제하면서 이루어진다. 따라서 아동이 스스로 할 수 있는 기회를 제공해야 한다.

## 3) 행동분석과 직접교육

### (1) 행동분석의 단계

첫째, 아동의 수행 수준에 근거해서 달성해야 할 목표와 학습해야 할 기술을 명시한다. 이것은 가장 기본적인 것이다. 아이의 현재 수행을 기록해 두면 치료 후에 아동이 얼마나 변했는지 비교할 수 있는 좋은 자료가 된다. 아이의 목표를 기록해 두는 것도 치료를 일관되고 계획성 있게 이끌 수 있는 하나의 방법이다.

둘째, 학습할 기술을 구체적인 과제로 분석한다. 학습장애 아동에게는 하나의 과제도 여러 가지 세부적인 부분 과제로 나누어 제시하는 것이 좋다.

셋째, 학습해야 할 과제들을 순서대로 열거한다. 이를 통해 구체적이고 계획적으로 과제를 처리하는 방법을 가르칠 수 있다.

넷째, 과제 중에서 아동이 할 수 있는 것과 할 수 없는 것을 결정한다. 이때 치료에는 항상 아동을 포함해야 한다. 과제를 정하고 계획하는 데 있어서 아동의 의견을 듣는 것을 빼먹지 않도록 주의하자.

다섯째, 직접교육을 통해 가르친다. 아이를 교육할 때에는 많은 것을 고려해야 한다. 아이의 수준, 아이의 강점 그리고 아이의 행동이나 수행에 민첩하게 반응해야 한다.

여섯째, 한 번에 한 가지 과제를 가르친다. 하나의 과제를 학습한 이후에 다음 과제를 가르치되, 한 과제를 다 익히지 못하면 다음 과제로 넘어가지 않는다.

일곱째, 아동이 해당 기술을 학습했는지 여부를 근거로 교육의 효과를 평가한다. 치료 전과 치료 후의 수행 수준을 평가하여 학습 과정을 점검하고 얼마만큼의 교육적 효과가 있는지 분석한다.

## (2) 직접교육의 절차

첫째, 목적과 목표를 정한다. 분명한 학업 목적에 맞게 학습 과제를 구조화하고, 과제 분석을 통하여 큰 목표를 작은 단계 혹은 작은 목표로 나눈다.

둘째, 자료를 순서대로 주의 깊게 제공한다. 이때 한 번에 한 단계씩 습득할 수 있도록 주의 깊게 구조화된 자료를 제공한다.

셋째, 자세한 설명과 많은 예를 제공한다. 지나치리만큼 자세한 지시와 설명을 충분한 예를 들어 가면서 한다. 그렇게 하는 것은 아동이 그 과제를 이해했다는 것을 확신하기 위해서다.

넷째, 질문을 낳이 하게 하고 다양한 방법으로 새로운 기술을 연습할 수 있는 적극적인 기회를 제공하며, 그렇게 해서 학습 기술을 익힐 수 있게 한다.

다섯째, 즉각적이고 교육적인 피드백을 하고 교정해준다. 즉각적인 피드백은 특히 새로운 자료를 학습할 때 중요하다.

여섯째, 아동이 제대로 학습했는지 평가하기 위해 아동의 진전을 적극석으로 기록한다. 그리고 그 기록을 토대로 교육과정을 변경한다(Treischman & Lerner, 1990). ❖

# 학습장애 아동을
# 어떻게 도와줄 수 있나

**5**

# 1. 학습장애 아동의 생활 지침

물론 학습장애로 진단받은 아동을 치료할 때는 임상심리학자나 소아청소년 정신과 전문의를 중심으로 특수교육 교사, 언어치료사, 인지학습치료사가 팀을 이루어 담당하지만, 가정이나 학교에서도 조금만 신경을 쓴다면 단기간에 치료 효과를 높일 수 있다. 여기에서는 가정이나 학교에서 실천할 수 있는 학습장애 아동의 생활 지침을 4단계로 구분하여 정리하였다.

## 1) 정리하고 계획하기

앞서 설명했듯이 학습장애 아동은 스스로 계획을 세우거나 공부하지 못한다. 따라서 부모나 교사가 이들에게 정리하고 계획하는 기술을 가르쳐주어야 한다. 다음은 아이가 주변의

상황을 정리하고 자신의 일을 계획하는 데 도움을 줄 수 있는
방법이다.

### (1) 물건을 놓는 장소를 분명히 정한다

특히 매일 사용하는 책, 과제물, 외출복 등을 놓는 장소를
성해서 쉽게 찾을 수 있도록 한다.

### (2) 과제에 필요한 준비물 목록을 제공한다

해야 할 과제를 완수하는 데 필요한 준비물만을 정확히 목
록으로 정리한 후 아이에게 제시함으로써 아이가 하나씩 준
비물을 가져오도록 하고, 가져온 준비물은 목록에서 지우게
한다. 아이가 읽기에 문제가 있다면 부모가 옆에서 반복하여
읽어주면서 함께 준비한다.

### (3) 시간표를 짜 준다

시간표를 짜서 매시간 아이가 무엇을 해야 할지 분명히 알
려준다. 지나치게 무리한 계획은 오히려 지키기 힘들기 때문
에 여유 있게 시간표를 짜는 것이 중요하다. 또 한 가지 중요
한 점은 부모가 아이에게 너무 무리한 것을 바라지 않아야 한
다는 점이다. 아이가 하기 힘든 과제를 끝마친 뒤에는 충분히
놀게 하거나 좋아하는 것을 하게 해주어야 한다.

### (4) 학교에서 내준 숙제는 반드시 적어 오게 한다

쓰기 장애가 있는 아이에게는 어려운 일일 수 있지만, 숙제는 꼭 써오게 한다. 숙제를 써오게 하는 방법은 여러 가지가 있다. 교사가 말로 숙제를 불러줄 때 받아쓰기가 힘들다면 교사에게 칠판 한 귀퉁이에 숙제를 써놓아 달라고 부탁하는 것도 좋은 방법이다. 숙제가 별로 없는 날 아이가 숙제를 다 써왔다면 아낌없는 칭찬을 해주고 아이가 좋아하는 것을 보상으로 제공한다.

### (5) 숙제를 확인한다

놀기 전에 해야 할 숙제를 먼저 했는지 확인한다. 이때 아동이 열심히 한 숙제에 대해 잘했느니 못했느니 따져서는 안 된다. "잘했다" "못했다"라는 말은 평가하는 표현이기 때문에 아이의 자신감을 떨어뜨리는 하나의 요인이 된다. 아이가 혼자 힘으로 숙제를 다 해냈다는 것을 강조하고, 아이를 칭찬하고 격려한다.

### (6) 포켓 홀더에 자료를 정리한다

포켓 홀더를 이용하여 자료를 순서대로 정리하면 아이는 자신이 정리해온 자료를 보면서 만족감과 성취감을 얻을 수 있다. 또한 이렇게 모인 자료를 정리하여 학년별로 파일을 만

## 🔑 학습장애 아동의 생활 지침

| | |
|---|---|
| 1. 정리하기 | • 물건 놓는 장소 정하기 |
| | • 시간표 짜기 |
| | • 포켓 홀더 이용하기 |
| 2. 계획하기 | • 과제 준비물 목록 작성하기 |
| | • 숙제 적어오기 |
| | • 숙제 확인하기 |
| 3. 주의력 향상시키기 | • 과제를 작게 쪼개기 |
| | • 조금씩 자주 하기 |
| | • '조금만 더'하고 요구하지 않기 |
| | • 과제를 재미있게 만들기 |
| | • 재미있는 과제와 재미없는 과제 번갈아 하기 |
| 4. 듣기 능력 향상시키기 | • 지시는 짧고 분명하게 하기 |
| | • 지시 반복하기 |
| | • 강조하기 |
| | • 시각자료 활용하기 |
| 5. 교과과정 조절하기 | • 흥미로운 자료 활용하기 |
| | • 시각 보조자료 활용하기 |
| | • 시험을 수정하기 |
| 6. 시간 관리 | • 시간활용표 이용하기 |
| | • 일과표 정하기 |
| | • 해야 할 과제 목록 만들기 |
| | • 행동계약 사용하기 |

들면 유용하게 활용할 수도 있다.

## (7) 과목마다 다른 색깔의 홀더를 사용한다

다른 색깔의 홀더를 사용하는 것은 여러 가지 장점을 지닌다. 즉, 아이가 여러 가지 색깔의 이름에 친숙해질 수 있고 과목별로 정리하는 것을 배울 수도 있다.

## 2) 주의력과 듣기 능력 향상시키기

### (1) 주의력 향상을 위한 지침

학습장애는 주의력결핍 장애와 동반하여 나타나는 경향이 높다. 이러한 경우에는 주의력이 조금만 더 향상되어도 학습에 큰 도움을 줄 수 있다. 주의력을 향상시키는 데 도움이 되는 방법은 다음과 같다.

### ① 과제를 부분으로 쪼개서 작게 만든다

주의력이 부족한 아이는 작은 소리나 움직임에도 민감하게 반응한다. 그러므로 숙제를 조금씩 나누어 하게 하는 것이 좋다. 예를 들어, 풀어야 할 산수 문제가 10개라면 2~3개씩 나누어 한 번에 조금씩 할 수 있도록 해준다. 주의를 집중하고 있을 때는 당연히 학습 효과가 높아지고 공부에도 흥미를 느끼게 되는데, 주의가 산만한 아이는 또래보다 주의를 지속하는 시간이 짧기 때문에 과제를 작게 쪼개어 집중할 수 있는 시간에만 문제를 풀게 함으로써 과제에 대한 흥미를 유지하도록 도와주어야 한다.

### ② '조금만 더'를 요구하지 않는다

예를 들어, 10분간 숙제를 하고 이후 30분은 노는 시간으로 정했는데 아이가 숙제를 5분만에 끝냈다고 하자. 이런 경우 대부분의 부모는 "조금만 더" 하라고 요구하여 나머지 5분을 채우려고 한다. 이런 일이 반복되면 아이는 5분 안에 할 수 있는 일도 10분에 걸쳐서 하려고 할 것이다. 어차피 10분간 숙제를 해야 한다면 누가 빨리 하려 하겠는가? 그러므로 아이가 10분 동안 할 숙제를 5분 안에 끝냈다면 35분을 놀게 하는 것이 좋다.

### ③ 조금씩 자주 공부하게 한다

오랫동안 할 일을 짧게 나눠서 자주 공부하게 한다. 이것은 앞의 '숙제를 작게 쪼개는 것'과 같은 이유다. 숙제뿐 아니라 시험공부도 이러한 방법으로 하는 것이 좋다.

④ **과제를 아이의 흥미에 맞게 재미있게 만든다.**

과제를 할 때는 소집단으로 하거나 재미있는 재료를 사용하여 한다. 아이가 시각적인 것을 더 좋아하면 시각 재료를 이용해서 과제를 하게 하는 것이 좋다.

⑤ **재미있는 과제와 재미없는 과제를 번갈아 한다**

아이가 학습해야 할 내용은 대부분 아이가 싫어하거나 어려워하는 것이다. 그래도 개중에는 아이가 좋아하거나 흥미 있어 하는 과제가 있을 것이다. 하지만 좋아하는 것만 몰아서 하게 되면 나중에 어렵고 하기 싫은 것만 남아 아이의 주의와 흥미를 끌기가 더 어려워진다. 그러므로 흥미 있는 것과 흥미 없는 것을 번갈아 하도록 하는 것이 바람직하다.

⑥ **새로운 과제는 아동의 흥미를 유발하여 주의집중을 증가시켜 준다**

같은 것을 가르치더라도 다양하고 신기한 재료나 과제를 사용한다면 더 잘 배울 수 있다. 예를 들면, 글자를 가르칠 때 막연히 "써 봐라. 쓰면서 외워라"라고 하지 말고 컬러 점토로 글자를 만들면서 가르친다든지, 산수를 가르칠 때 아이와 구슬치기를 하면서 많고 적음의 개념부터 가르치는 것 등이 더 효과적일 것이다.

## (2) 듣기 능력 발달을 위한 지침

학습장애 아동 중에는 특정한 말을 들었을 때 그 말을 오래 기억하지 못하기 때문에 학습장애를 지닌 것으로 보는 경우도 있다. 이런 경우에는 듣는 능력을 키워주는 것이 중요하다. 이러한 능력을 키워주는 방법에는 어떤 것이 있는지 알아보자.

### ① 지시는 짧고 분명하게 한다

한 번에 한 가지 지시만 하고, 필요하다면 몇 번이고 반복한다. 이때는 아이가 아는 단어를 사용해야 한다. 가령, 아이에게 책꽂이에 있는 책을 가져오라고 지시한다고 하자.

"책꽂이에 있는 책을 가져다줄래?"라고 하기보다는 먼저 "책꽂이 앞으로 가렴" 하고 지시한다. 아이가 책꽂이 앞에 서면 "책을 집으렴" 하고 말한 후 "그 책을 엄마에게 가져다줄래?"라고 하여 한 문장으로도 될 지시를 3번으로 나누어 함으로써 한 번에 하나의 일만 하게 한다. 아이가 지시한 대로 수행하지 못하면 다시 천천히 분명한 발음으로 말한다. 그 결과 아이가 지시를 잘 수행했다면 아이를 칭찬한다. 잘 수행하지 못했을 때는 혼내지 말고 "다음엔 더 잘할 수 있지?"라고 격려해주는 것이 낫다.

## ② 아동에게 지시한 후 그것을 즉시 반복하게 한다

듣기 능력이 부족한 아이가 주의까지 산만하다면, 지시를 듣고 수행하러 가는 도중에 작은 소리나 움직임에 반응하여 지시를 잊어버리고 수행하지 못할 수 있다. 이런 경우를 방지하기 위해서는 지시를 한 후 그 자리에서 해당 지시를 한 번 따라하게 하는 것이 좋다. 아동에게 지시를 반복하게 하면 듣기 능력과 기억력을 증진시킬 수 있으며, 지시를 이행할 확률도 높아질 것이다.

## ③ 강조를 사용해서 아이의 주의를 환기시킨다

"중요한 것은 …야" "잘 들어" "이건 시험에 나올 거야" 등의 말로 신호를 준다. 또는 "이것을 잘 하면 놀자꾸나" 하고 아이의 흥미를 유발시킨다. 그리고 약속한 것은 반드시 지켜야 한다.

## ④ 시각자료를 활용한다

차트, 그림, 그래프, 파워포인트, 동영상 등을 사용해서 언어적 정보를 시각화하여 제공한다. 시각적인 재료는 가장 흥미를 많이 유발하는 자극이다. 새로운 것, 움직이는 것을 보여주면 아이가 어려워하는 부분에서 더욱 자신감을 가질 수 있게 된다.

### 3) 교과과정 조절하기

교과과정을 학생에게 맞게 조절한다. 학습장애 아동의 학업성취도는 아동의 학년 수준과 일치하지 않는다. 아이가 초등학교 4학년이라도 학업성취도 수준은 초등학교 2학년일 수 있다. 따라서 아이가 자신의 수준에 맞추어 배울 수 있도록 배려해주는 것이 중요하다.

#### (1) 흥미로운 자료를 선택한다

아이가 적극적으로 참여할 수 있는 창조적인 활동을 만든다. 대부분의 아이는 그저 보고 듣기만 하는 것보다는 적극적으로 참여할 때 더 잘 배운다. 배우는 것이 단지 수동적인 것이라는 생각을 버려야 한다. 아이의 눈높이에서 보면서 다양한 방식으로 가르치는 것이 중요하다.

#### (2) 시각 보조자료를 활용한다

컴퓨터, 계산기, 스마트폰, 녹음기 및 비디오 등은 아이의 동기를 증진시킨다. 예를 들어, 단어재인 장애나 쓰기 장애가 있는 아이에게는 컴퓨터 자판을 두드리거나 화면의 글자를 보게 하는 방법도 있다.

또 다른 방법으로는 읽기 장애 아동에게 자신이 잘 못하는 읽기를 녹음하게 함으로써 자신의 수행 정도를 알게 할 수도 있다.

### (3) 시험을 수정한다

필답시험 대신 듣고 말로 대답하는 시험을 볼 수 있게 한다. 이는 글을 잘 읽지 못하는 읽기 장애 아동의 단점을 보완하기 위한 방법이기도 하다. 또한 글로 된 시험이 아닌 말로 된 시험을 보게 된다면 수행이 훨씬 좋아질 것이므로 아이에게 정서적으로도 더 긍정적일 수 있다.

이와 함께 아이가 자신의 답이 맞았는지 스스로 확인해보는 과정을 거치도록 교육해야 한다. 특히 산수 문제는 검산하는 과정과 방법을 가르치는 것이 필요하다.

### 4) 시간 관리하기

### (1) 시간활용표를 이용한다

시간 활용에 대한 개념이 형성되면 주어진 시간에 무엇을 해야 할지 알 수 있게 된다. 시간활용표는 좀 더 재미있게 이용할 수도 있고 컴퓨터로 도표를 그려보게 할 수도 있다. 다음은 시간활용표의 활용 예다.

우선, 시간활용표에 각각의 활동을 몇 시간이나 했는지

기록한다. 그러면 일주일 동안 자신의 시간을 어떻게 썼는지 알 수 있을 것이다. 그런 후 좀 더 시간을 알차게 사용할 수 있도록 시간을 조절해서 일과표를 만들어본다.

### (2) 일과표를 짜고 그것을 따르도록 한다

아이와 함께 일과표를 짜고 아이에게 해야 할 일을 말해준다. 아이가 그 시간에 해야 할 일을 제대로 다 했으면 보상을 주어 동기 부여를 하고, 일과표에 스티커를 붙여서 일정 개수 이상이 되면 상품을 주거나 오락을 할 수 있게 해주거나, TV 시청 시간을 좀 더 늘려주는 방법을 이용할 수 있다. 부모가 지나친 욕심을 내서 너무 공부에만 치중하여 일과표를 만들거나 무리한 계획을 세우면 오히려 부작용을 낳을 수 있으므로 아이가 싫증 내지 않는 범위에서 일과표를 만드는 것이 가장 중요하다.

### (3) 해야 할 과제의 목록을 만들도록 도와준다

아이가 해야 할 과제를 목록으로 만들고 과제를 마칠 때마다 해당 과제에 체크하게 한다. 저녁 시간에 아이와 함께 다음 날 할 일을 생각해보고 같이 목록을 만드는 것이 좋다. 앞에서도 언급했듯이 하나의 과제를 작게 쪼개어 아이가 부담을 느끼지 않고 할 수 있도록 해야 하며, 작은 과제를 끝냈을 때도

# 시간활용표

이름 :                          날짜 :

| 요일<br>활동 | 월 | 화 | 수 | 목 | 금 | 토 | 일 |
|---|---|---|---|---|---|---|---|
| 수 업 | | | | | | | |
| 공 부 | | | | | | | |
| 친구 만나기 | | | | | | | |
| TV 시청 | | | | | | | |
| 운 동 | | | | | | | |
| 독 서 | | | | | | | |
| 집안일 돕기 | | | | | | | |
| 잠자기 | | | | | | | |

아이에게 반드시 진심 어린 칭찬과 격려를 해주어야 한다. 앞서 나열한 방법과 유사하게 사용해도 괜찮다.

### ⑷ 활동마다 시간을 명시하는 행동계약을 사용한다

예를 들면, 해야 할 공부시간은 40분, 놀이시간은 15분이라고 시간을 정한다. 그다음에 아이가 일정 시간 안에 해야 할 분량의 공부를 다 하지 못하면 지정된 놀이시간 15분을 쓸 수 없다고 아이에게 가르친다. 반면에 아이가 해야 할 공부를 40분 안에 끝내면 그때부터 놀 수 있다는 것을 말해주고 약속한다. ◆

# 2. 부모가 해야 할 일

　학습장애 아동을 지켜보는 일은 참으로 답답하고 어려운 일이다. 그래서 부모는 늘상 아이에게 무엇을 해주어야 하나 고민하고 무엇이든 하려고 노력한다. 그런데 이런 노력이 아이를 힘들게 만들기도 하고 부모에게 더 큰 스트레스를 줄 수도 있다. 이러한 부담을 피하면서 부모가 할 수 있는 일은 무엇인지 알아보자.

## 1) 부모를 위한 힌트

### (1) 학습장애에 대해 더 배운다

　학습장애에 대해 알아야 아이를 이해할 수 있다. 자신의 자녀가 다른 사람들이 하는 것과 같은 방법으로 배울 수 없다는 것을 이해해야 자녀의 고통을 이해할 수 있다. 또한 학습장애

**부모가 해야 할 일**

- 학교 수업 내용을 가르치지 않는다.
- 아이가 잘하는 것을 발견한다.
- 아이가 할 수 없는 것을 강요하지 않는다.
- 학습장애에 대해 더 배운다.
- 겸손한 탐정이 된다.
- 아이의 강점을 가르친다.
- 아이의 머리가 나쁘지 않다는 것을 믿는다.
- 실수는 실패와 똑같지 않다는 것을 기억한다.
- 창조적으로 TV나 컴퓨터를 활용한다.
- 아이의 독서 수준에 맞는 책을 골라준다.
- 아이의 특별한 재능을 발달시키도록 격려한다.
- 집 안에서의 일상생활을 단순화한다.
- 아이의 능력에 맞는 방법을 생각한다.
- 이야기는 직접적이고 긍정적으로 한다.
- 아이의 방을 단순하게 구성하고, 집 안에서 조용한 방을 준다.
- 다른 사람들과 더불어 사는 방법을 배울 수 있게 도와준다.
- 아이에게 자기 자신은 소중한 존재임을 가르친다.
- 부모 자신의 삶을 영위한다.

에 대해서 알고 나면 치료 동안 부모가 인내하며 지속적으로 도움을 줄 수 있고, 아이를 정서적으로 지지할 수도 있다.

### (2) 겸손한 탐정이 된다

아이가 배우기 어려워하는 것을 찾아보라. 또 아이의 흥미, 재능 그리고 기술이 무엇인지 알아보라.

아이가 어려워하는 부분이 무엇인지 찾아내는 것은 아이를 치료하는 데 많은 도움이 된다. 특히 어린 시기에 이런 어려움을 찾아내면 많은 이익을 얻을 수 있다. 예를 들어, 부모가 아이의 말에서 특히 'ㅎ'자를 발음하지 못한다는 것을 발견하게 되면 진단을 하는 데도 어렵지 않고 초기에 잘 치료받을 수 있다.

또한 아이의 흥미나 재능 그리고 아이가 갖고 있는 기술이 무엇인지 아는 것은 아이에게 배우고자 하는 마음을 갖게 하는 방법뿐만 아니라 아이가 어려워하는 부분에 대해서도 접근할 수 있는 방법을 알려주는 정보가 된다. 따라서 치료 효과 역시 좋게 나타난다.

### (3) 교과목을 가르치지 않는다

학습장애 아동에게 학업은 가장 어려운 영역이다. 이들은 대부분 학업 상황이나 다른 일반적인 상황에서도 계속해서 실패를 경험해 온 아이들이다. 이런 아이들에게 부모가 교과 내용을 가르치려고 하면 아이는 압박감과 더 큰 스트레스를 받게 된다.

부모가 아이의 학업을 가르치고 잘할 것을 요구하게 되면 아이는 정작 부모에게서 배워야 할 감성 능력을 배우는 데 방해를 받을 수 있으며 건강한 자아상이나 자존감을 형성하는 데 어려움을 겪을 수 있다. 게다가 부모에게도 이런 아이를 가르치는 것이 어렵고 절망스러울 것이다. 결국 부모가 아이에게 학과목을 가르치려고 하면 아이나 부모 그리고 그들의 관계 모두에 해가 된다. 이렇게 되면 아이는 부모를 잃고 삼류 교사만을 얻을 뿐이다.

### (4) 아이가 할 수 없는 것을 강요하지 않는다

아이의 능력으로는 해낼 수 없는 일을 시키면 아이는 부모를 기쁘게 해주기 위해 마지못해 하거나 적극적으로 혹은 간접적으로 저항할 수도 있다. 마지못해 할 경우 학습에 대한 흥미와 재미를 잃어버리기 때문에 학습장애가 더 심해져서 장기적으로 볼 때 오히려 문제를 악화시킬 수 있다. 만일 아이가 마음속으로 저항하거나 반발을 하게 되면 청소년기에 이르러 비행 행동으로 나타날 수도 있다.

### (5) 아이가 잘하는 것을 찾아낸다

아이의 장점을 찾도록 노력해야 한다. 학습장애 아동이라고 해서 모든 영역에서 어려움을 겪는 것도 아니고 아무것도 배울 수 없는 것도 아니다. 아이가 흥미를 보이거나 재능을 보이는 것을 발견함으로써 그들에게 성공의 가능성을 열어줄 수 있다.

Thomas Edison은 학교에서는 학업 성적이 낮았지만 대신에 호기심과 탐구심이 많았고 예리한 관찰력을 가지고 있었다. 그의 어머니가 아이의 장점을 잘 알고 이를 키워주었던 것처럼, 학습장애 아동을 가진 부모도 자녀가 학습 외에 다른 어떤 것에 흥미가 있는지 찾을 수 있도록 도와주는 것이 필요하다. 아이의 장점을 키우는 것 외에 아이에게 작은 것이라도 자신이 스스로 해냈다는 성취감을 갖게 하는 것 역시 중요하다. 예를 들면, 빨래를 정리하거나 부엌일을 돕는 것은 비록 작은 과제이지만 아이에게 성취감을 줄 수 있다.

이런 성취감과 자신감을 심어줄 때에는 아이가 충분히 할 수 있는 일을 시켜서 아이에게 부담이 되지 않도록 해야 하고, 서서히 아이에게 다른 일에서도 성취감을 얻을 수 있도록 이끄는 것이 중요하다.

### (6) 아이의 강점을 활용한다

예를 들어, 아이가 듣고 이해하는 것은 잘 하는데 읽고 이해하는 것은 어려워한다고 가정해보자. 이런 경우에 아이를 가르치기 위해서 읽기에 초점을 맞추어 실패를 경험하게 하는 것은 아이의 어려움을 감소시킬 수 없다. 따라서 아이의 장점인 듣기에 초점을 맞추어 책 내용이 담긴 오디오나 동영상 등을 사용해서 새로운 정보를 배울 수 있도록 해주는 것이 좋다.

### (7) 아이의 머리가 나쁘지 않다는 것을 믿는다

아이가 읽거나 쓰지 못한다고 해서 다른 방법으로도 배울 수 없는 것은 아니다. 학습장애를 지닌 아동은 대부분 지능이 평균 혹은 그 이상이다. 이 말은 다양한 접근법을 효과적으로 사용하면 얼마든지 지능이 향상될 수 있음을 의미한다.

### (8) 실수는 실패와 똑같지 않다는 것을 기억한다

학습장애를 가진 아동이나 그 부모는 아이의 실수를 엄청난 실패로 보는 경향이 있다. 따라서 아이는 자신을 매일 실패만 하는 사람으로 낙인찍고 실패에 따른 심한 좌절감을 느낄 것이다. 실수가 계속되면 아이는 아무것도 시도하려 하지 않는다. 그러므로 아이가 실패에 대한 두려움을 줄일 수 있도록 부모가 먼저 '실수는 누구나 할 수 있는 것이며 실수가 실패를 의미하는 것은 아니' 라는 것을 받아들여야 한다. 아이에게는 실수를 통해서 배울 수 있는 점이 무엇인지, 앞으로 실수를 줄이려면 어떻게 해야 하는지 물어보고 같이 생각해서 실수를 오히려 새로운 것을 배우는 기회로 삼을 수 있게 해야 한다.

## (9) 창조적으로 TV, 컴퓨터, 스마트폰을 활용한다

화면이 빠르게 변화하고 소리와 그림이 동시에 나오는 TV, 컴퓨터 혹은 스마트폰은 아이의 주의를 끌기 때문에 학습하기 좋은 매체다. 주의력결핍 과잉행동장애 아동을 둔 부모 역시 아이가 평소에는 잠시도 가만히 앉아 있지 못하지만 TV를 볼 때면 오랫동안 앉아 있는다는 말을 한다. 따라서 교육용 비디오테이프나 교육방송 혹은 교육용 애플리케이션을 잘 활용하면 주의를 오래 유지하지 못하는 아이라도 장시간 주의를 집중하여 듣기를 배울 수 있고 어휘력을 증가시킬 수 있다.

TV나 멀티미디어 매체를 사용하는 것은 또 다른 장점이 있다. 아이가 TV를 보고 있는 중이나 다 보고 난 뒤에 부모는 아이에게 여러 가지를 물어볼 수 있다. 예를 들면, 무엇을 보았는지, 무슨 일이 일어났는지, 그 이야기의 끝은 어떻게 되었는지 등을 물어본다. 그러한 질문은 학습장애를 가진 아동이 어려워하는 이해력을 향상시키는 데 도움이 된다.

다만, 너무 어린 나이에 TV를 비롯한 멀티미디어를 이용하거나 지나치게 장시간 TV를 시청하면 오히려 학습에 방해가 된다는 것을 잊지 말아야 한다. 만 2세 이전에는 TV나 비디오 시청을 피하는 것이 좋다. 세계적인 기업인 W사의 소위 친재

를 만들어준다는 비디오 교재도 결국에는 아이들의 인지와 정
서 발달에 해가 되었다는 연구 결과가 나온 후 시장에서 철수
한 사실을 잊어서는 안 된다. 강렬한 자극을 주는 TV, 비디오,
스마트폰 등은 만 2세 이전 아이의 정상적인 뇌 기능 발달을
저해하고 왜곡시킬 가능성이 높다.

　만 2세 이후라도 TV나 스마트폰의 사용은 최소한으로 억제
하는 것이 바람직하다. 어린 시절 지나치게 장시간 TV를 본
아이는 컴퓨터 게임 중독에 빠질 위험성이 높다. 꼭 필요한 만
큼만 TV나 비디오를 활용하도록 하고, 부모가 아이를 볼 여유
가 없다든지 같이 놀기 피곤하다든지 해서 TV나 비디오에 아
이를 맡겨버리게 되면 나중에 그로 인해 발생하는 문제로 더
힘든 일을 겪을 수 있다는 것을 잊지 말아야 한다.

### (10) 아이의 독서 수준에 적합한 책을 골라 준다

　보통 아이들은 학년이 올라갈 때 이전 학년에서 습득해야
할 능력을 거의 다 익히고 올라간다. 그러나 학습장애 아동
의 학습 능력은 자기 학년에 비해 적어도 1~2년 정도 낮은
편이다. 학습장애 아동을 둔 부모는 이러한 점을 인정해야 한
다. 만일 아이에게 읽기 장애가 있다면 책을 권할 때 아이의
읽기 수준에 맞는 책을 골라주어야 한다. 어려운 책을 권하면
아이가 읽기를 어렵다고 느끼고 좌절감만 키울 뿐이다. 따라

서 아이의 수준에 맞는 책을 골라주어 성공적으로 읽을 수 있
는 경험을 갖도록 하는 것이 중요하다.

### (11) 아이가 특별한 재능을 발달시키도록 격려한다

아이의 강점은 무엇인가? 아이가 특별히 좋아하는 것은 무
엇인가? 이런 질문을 늘 염두에 두고 아이를 관찰하면 아이가
가진 강점과 흥미 분야를 발견하기 쉽다. 이를 발견하면 아이
의 강점에 초점을 맞춰서 최대한으로 발달시킬 수 있게 도와
주고, 또 이 강점을 활용해서 학습장애로 인해 겪는 어려움을
줄이게 도와줄 수 있다.

### (12) 아이의 능력에 맞는 방법을 생각한다

예를 들어, 아이가 놀이를 할 때 쉽게 닦이고 깨지지 않는
용기를 사용하게 하면 부주의나 운동 능력의 미숙으로 인한
혼란과 파손을 막아줄 수 있다. 또는 신발 신는 곳에 아이의
신발 외곽선을 그려주어 왼쪽과 오른쪽을 구별하게 할 수도
있다. 이처럼 실생활에서 접근할 수 있는 방법은 치료에 도움
이 된다.

### (13) 이야기는 직접적이고 긍정적으로 한다

비난은 피하고 지지적으로 이야기하면서 지도한다. 아이가

어눌하게 말하더라도 잘 듣고 천천히 답하며, 아이의 말을 다시 한 번 정리해주면 좋다. 한편, 아이가 지시를 따르는 데 어려움을 보이면 부모가 지시하는 동안 부모를 쳐다보고 말한 내용을 그대로 반복하게 한다.

또한 아이는 자신이 무엇을 해야 하는지에 대한 정보가 부족하기 때문에 '…하지 말라'는 지시는 아이를 곤란하게 만든다. 특히 학습장애가 있는 아이는 이런 지시를 듣고 뭘 해야 하는지 생각하는 것을 더 어려워한다. 따라서 아이에게 지시를 할 때는 '…을 하라'고 해야 한다. 그리고 학습장애 아동의 작업기억 용량이 작다는 점을 생각한다면 동시에 여러 가지 지시를 하는 것은 피해야 한다. 한 번에 하나만, 짧고 간결하게 지시하도록 한다.

## (14) 아이의 방은 집 안에서 조용한 곳으로 하고 단순하게 꾸민다

아이의 방은 편안하고 쉴 수 있는 곳이 되도록 만들어준다. 주의가 산만한 아이인 경우에는 방에 많은 물건을 두면 더 산만해질 수 있으므로 물건은 최대한 두지 않는다. 또한 아이의 방이 놀이터가 보이는 쪽에 있는 것은 주의가 쉽게 흐뜨러질 수 있으므로 좋지 않다.

어떤 부모는 아이의 방은 환하고 넓어야 한다면서 안방을 아이에게 내주는 경우도 있다. 그러나 햇빛이 많이 들고 넓은 방은 아이의 주의를 분산시키기 때문에 학습에는 방해가 된다. 주의집중을 도와주기 위해서는 아이의 방이 약간 작고 너무 밝지 않은 편이 좋으며, 창도 작은 편이 좋다. 또한 가급적 조용하고 햇빛이 직접 들지 않으면서 시원한 곳에 아이의 방을 배치한다.

## (15) 다른 사람들과 더불어 사는 방법을 배울 수 있도록 도와준다

학습장애를 가진 아동은 학교에서나 동네에서 친구들과 어울리는 것을 어려워한다. 너무 소심하거나 공격적인 행동을 하기 때문이다. 사회에 적응하고 성공하는 데에 가장 큰 영향을 미치는 것이 사회성이기 때문에 다른 사람들과 좋은 관계를 맺는 법을 알고 잘 지내는 것은 학교 성적을 잘 받는 것보다 더 중요하다.

만일 아이가 다른 아이들과 잘 지내지 못한다면 부모는 아이가 사회성을 키울 수 있는 기회를 적극적으로 만들어주어야 한다. 다른 아이를 집에 놀러 오게 하여 같이 놀게 하거나 스포츠 클럽 혹은 스카우트 같은 사회활동에 참여하게 한다. 아이가 소집단 활동을 시작할 때 다른 아이들과 잘 어울릴 수 있도록 관찰하고 곁에서 격려하도록 한다. 자원봉사가 기능하

다면 부모가 자원해서 아이와 함께 집단 활동에 참여하는 것
도 좋다.

### (16) 아이가 스스로 중요한 존재임을 배우게 한다

학업 성취와는 무관하게 아이는 하나의 소중한 인격체라는
점을 늘 기억하고 있어야 한다. 아이가 자기 일을 스스로 할
수 있도록 허락한다. 이를 통해 아이는 스스로 책임을 질 수
있게 되고, 자신이 가족의 일원으로서 가족에 공헌하고 있음
을 느끼며 배우는 기회를 얻는다. 이것은 학교에서 교과목을
배우는 것보다 더 중요한 일이다.

### (17) 부모 자신의 삶을 영위한다

부모는 정기적으로 자신만을 위한 시간을 보내야 한다. 학
습장애를 가진 자녀를 돌보는 일은 정신적으로나 육체적으로
많이 힘들다. 따라서 아이를 돌보는 일을 잠깐씩 쉬지 않으면
부모가 아이보다 먼저 지치게 된다. 그렇게 되면 인내심이 줄
어들어 아이에게 자주 화를 내게 되고 아이의 입장을 이해하
기가 어려워져서 아이의 상태를 개선하는 데 방해가 되며, 오
히려 상황을 악화시킬 수도 있다. 대부분의 학습장애는 조기
에 발견하는 경우가 아니면 치료 기간이 상당히 길어지므로,
부모는 의욕이 줄어들지 않도록 정기적인 재충전의 기회를 가

져야 한다. 즉, 이 기간을 통해 자신이 관심 있는 일을 하고 문화생활을 즐기면서 사기를 회복하도록 한다.

## 2) 교사의 도움 받기

부모와 교사의 협조는 집과 학교를 연결하는 다리가 될 수 있다. 그러나 이들은 서로 잘 만나려 하지 않는다. 왜냐하면 부모는 아이에 관한 나쁜 소식을 듣지 않을까 염려하고, 교사는 부모가 자신의 말을 부정적으로 들어서 부작용이 일어나지 않을까 두려워하기 때문이다.

부모와 교사가 만나서 아이에 대해 논의하고 협력한다면 아이의 상황은 더 빨리 진전될 수 있다. 부모와 교사의 협의가 이루어지지 않으면 아이는 집과 학교에서의 분리된 이중생활과 그에 따른 이중적인 행동을 보일 수밖에 없다.

부모는 교사가 자기 자녀의 본질적인 문제를 이해해주고 진단 자료와 최근의 교육적 접근 등에 대한 정보 및 자녀의 학습 문제에 대한 실질적인 도움을 주었으면 함에도 교사에게 솔직하게 터놓고 이야기하여 도움을 청하기보다는 감추려고 하는 경향이 있다.

학습장애를 가진 아동의 부모가 스스로 해결하기 위해 자녀에게 공부를 가르치려 하면 대부분 아이에게 좌절감만 안겨

줄 뿐 별 효과는 거두지 못한다. 이렇게 원하는 결과가 나오지 않으면 화가 나거나 답답한 심정에 아이에게 부정적인 발언 및 언성을 높인 말을 하게 될 가능성이 높다. 이렇게 되면 아이는 자신에게 가장 가까운 지지 원천인 부모에게서 거부당하는 경험을 하게 된다. 부모는 그보다 교사와의 협력을 통해 학교와 가정에서 아이가 지원을 받고 자존감을 회복할 수 있는 상황 및 기회를 풍부하게 제공하는 것이 좋다. 또한 학교생활이나 교우 관계에 적응하는 데 필요한 방법을 알려주고, 교사의 도움을 받아 그러한 환경을 제공하는 것이 좋다. ◆

## 도움을 받을 수 있는 곳

- 우리아동발달상담센터 ☎ 031-747-2629
  경기도 성남시 중원구 금광동 산성대로 388 미공빌딩 3층
- 서울대학교어린이병원 소아정신과 ☎ 02-2072-3443
  서울특별시 종로구 대학로 101

# 참고문헌

McNamara, B. E., & McNamara, F. J. (1995). *Keys to parenting a child with learning disability*. Hauppauge, NY: Barron's Educational Series.

Wong, B. Y. L. (1991). *Learning about learning disabilities*. New York, NY: Academic Press.

Mash, E. J., & Barkley, R. A. (1989). *Treatment of childhood disorders*. New York, NY: The Guilford Press.

Lerner, J. W. (1997). *Learning disabilities-theories, diagnosis, and teaching strategies* (7th Ed.). Boston, MA: Houghton Mifflin Company.

Treischman, M., & Lerner, J. (1990). *Using the computer to teach children with special needs*. Evanston, Ill: National Lekotek Center.

# 찾아보기

## ◎ 저자 소개

송종용(Song, Jongyong)

서울대학교 심리학과를 졸업한 후 동 대학원에서 임상심리학을 전공하여 「한글 읽기장애 아동의 작업기억 특성」(1999)이라는 논문으로 박사학위를 받았다. 현재는 기업에서 리더십 개발 및 긍정 조직 개발 전문 컨설턴트로 활동하면서 심리학적인 발견들을 기업 환경에 적용하고 있다. 또한 우리아동발달상담센터에서 놀이치료, 언어치료, 인지학습치료, 미술치료, 청소년 상담 등 다양한 분야의 전문가와 협력하며 아이들의 건강한 성장을 돕기 위해 노력하고 있다.

ABNORMAL PSYCHOLOGY 29

학습장애 공부 못하는 것도 병이다

**Learning Disability**

2016년 3월 30일 2판 1쇄 발행
2023년 3월 20일 2판 3쇄 발행

지은이 • 송 종 용
펴낸이 • 김 진 환
펴낸곳 • (주) **학지사**

　　　　04031 서울특별시 마포구 양화로 15길 20 마인드월드빌딩 5층

대표전화 • 02) 330-5114　　팩스 • 02) 324-2345

등록번호 • 제313-2006-000265호

홈페이지 • http://www.hakjisa.co.kr
페이스북 • https://www.facebook.com/hakjisabook

ISBN 978-89-997-1029-2 94180
ISBN 978-89-997-1000-1 (set)

정가 **9,500**원

출판미디어기업 **학지사**

간호보건의학출판 **학지사메디컬** www.hakjisamd.co.kr
심리검사연구소 **인싸이트** www.inpsyt.co.kr
학술논문서비스 **뉴논문** www.newnonmun.com
원격교육연수원 **카운피아** www.counpia.com